U0956896

本丛书为

教育部哲学社会科学研究重大课题委托研究项目

“中国共产党百年教育史研究”成果之一

《中国教育现代化2035战略与政策研究》总目

第一册	把握中国教育现代化的形势与任务	朱旭东等著
第二册	发展中国特色世界先进水平的优质教育	李芒等著
第三册	推动各级教育高水平高质量普及	张志勇等著
第四册	实现基本公共教育服务均等化	薛二勇等著
第五册	构建服务全民的终身学习体系	张伟远等著
第六册	提升一流人才培养与创新能力	周海涛等著
第七册	建设高素质专业化创新型教师队伍	李琼、宋萑、廖伟等著
第八册	推进信息时代的教育发展与变革	余胜泉等著
第九册	开创教育对外开放新格局	刘宝存、张继桥等著
第十册	推进教育治理体系和治理能力现代化	余雅风、刘水云等著

《中国教育现代化2035战略与政策研究》编写出版委员会

总 顾 问 顾明远　钟秉林　殷忠民　黄　强

主　　任 朱旭东　郭　戈

副 主 任 薛二勇　王永强

主　　编 朱旭东

编　　委（按姓名汉语拼音排序）

陈建峰　程　军　冯卫斌　龚鹏飞　韩华球
胡兰江　焦　艳　李　红　李　芒　李　琼
李云龙　刘宝存　刘立德　陆　洋　秦光兰
王　鑫　王永强　夏华香　薛二勇　余胜泉
余雅风　曾红梅　张华娟　张丽娜　张伟远
张晓东　张志勇　周海涛　宗世哲

丛书责编 韩华球　刘立德　李云龙

本册责编 曾红梅

中国教育现代化2035战略与政策研究

丛书主编◎朱旭东

第二册

李芒◎等著

2

中国教育出版传媒集团
人民教育出版社
·北京·

图书在版编目（CIP）数据

中国教育现代化2035战略与政策研究. 第二册 / 李芒等著. —北京：人民教育出版社，2021.9

ISBN 978-7-107-36089-3

Ⅰ.①中… Ⅱ.①李… Ⅲ.①教育现代化—发展战略—研究—中国 Ⅳ.①G52

中国版本图书馆CIP数据核字（2021）第169741号

中国教育现代化2035战略与政策研究 · 第二册

出版发行 人民教育出版社
（北京市海淀区中关村南大街17号院1号楼　邮编：100081）
网　　址 http://www.pep.com.cn
经　　销 全国新华书店
印　　刷 北京盛通印刷股份有限公司
版　　次 2021年9月第1版
印　　次 2021年9月第1次印刷
开　　本 787毫米 ×1 092毫米　1/16
印　　张 16.5
字　　数 197千字
印　　数 0 001~1 500册
定　　价 58.00元

版权所有 · 未经许可不得采用任何方式擅自复制或使用本产品任何部分 · 违者必究
如发现内容质量问题、印装质量问题，请与本社联系。电话：400-810-5788

总序：构建社会主义现代化强国所需要的高质量教育体系

为进一步认真贯彻落实习近平新时代中国特色社会主义思想和党的十九大以及十九届二中、三中全会等重要会议精神，2019年2月中共中央、国务院印发了《中国教育现代化2035》，并要求各地区各部门结合实际认真贯彻落实。

为更好地发挥北京师范大学中国教育与社会发展研究院作为国家高端智库培育单位的决策咨询、政策解读、舆论引领等作用，促进国家重大教育战略与规划的落实和执行，我们决定组织撰写《中国教育现代化2035战略与政策研究》丛书。

《中国教育现代化2035》确定了中国面向未来的教育战略实施目标。到2035年，中国教育要实现现代化总体目标，这个总体目标体现在两个方面：一方面，实现教育自身的现代化，使立德树人的根本任务得以完全落实，使党的教育方针得到全面贯彻，实现教育强国和人民满意的教育的国家和社会目标；另一方面，现代化教育可以支撑起中国国家现代化，尤其为中华民族伟大复兴起到保驾护航的作用。

《中国教育现代化2035》规划了中国面向未来的教育战略实施的进程。到2035年，教育现代化目标的实现过程，既体现在教育的现代化过程中，也体现在不断满足国家现代化需要的过程中。教育现代化的过程是一个不断推进教育优质均衡发展的过程，是一个高质量教育体系不断建构和完善的过程；满足国家现代化需要的过程是一个通过教育促进国家建设社会主义现代化强国的过程。

《中国教育现代化2035》明确了中国面向未来的教育战略实施的方向。到2035年，构建起满足社会主义现代化强国所需要的完备教育体系。党的十九届五中全会审议通过的《中共中央关于制定国民经济和社会发展第十四个五年规划和二〇三五年远景目标的建议》，提出建成富强民主文明和谐美丽的社会主义现代化强国的宏伟目标。这一远景目标是对党的十八大所提出的“全面落实经济建设、政治建设、文化建设、社会建设、生态文明建设五位一体总体布局”的进一步强化。习近平总书记在党的十九大报告中指出，“建设教育强国是中华民族伟大复兴的基础工程，必须把教育事业放在优先位置”，党的十九届五中全会第一次明确提出“建设高质量教育体系”。高质量教育体系是全面建设社会主义现代化强国的关键所在，教育体系要为社会主义现代化强国服务。

一、构建一个促进人的现代化需要的五育并举的教育体系

国家的现代化首先是人的现代化。落实党的教育方针，开展德智体美劳全面发展教育，培养社会主义建设者和接班人，也要基于人的现代化，而人的现代化需要通过“五育”来实现。习近平总书记在全国教育大会上强调，要在党的坚强领导下，全面贯彻党的教育方针，培养德智体美劳全面发展的社会主义建设者和接班人。人的全面发展需要全面发展的教育，为此，需要构建一个五育并举的教育体系。德育、智育、体育、美育、劳动教育是教育的内涵，而不是人的发展的内涵，不是学生发展的内涵。人的发展的内涵是认知和情感发展，是道德和公民性

发展，是个性、社会性与人格发展，健康和安全发展，艺术和审美发展。[①] 五育并举虽然不是人的全面发展内涵，却是基于和促进人的全面发展。因此，从人的全面发展内涵来看，五育并举，应由道德和公民性教育、社会性和情感教育、脑智教育、健康和安全教育、艺术和审美教育构成。

构建一个促进道德和公民性发展的“德育”体系。在党和国家的教育方针中，“德”是第一位的，事实上，从人的发展的价值来说，“德”必须放在第一位。在中国国情背景下，“德”不仅仅指道德发展，还指思想政治、法制素养，特别是对中国共产党和国家政治制度的认同和忠诚，以及对民族、国家和文化的认同。这里从心理学和伦理学视角来谈道德发展及其教育，把思想政治、法制素养放到公民性发展里来谈。公民性发展是指儿童的公民意识、思维、认知以及公民行为能力的成长过程。它是现代民族国家范畴内的资格身份塑造，也是政治思想意识的形成，又是民族、国家、文化的认同建构，更是法律意义上权利、责任和义务的养成过程。

教育的根本任务是立德树人，这是教育的总目标。根据这个目标，我们要构建促进道德和公民性发展的教育体系。这个体系由基于伦理内容和心理过程的道德教育体系，基于中国历史和国家发展的思想政治教育体系，基于民族认同、国家认同、文化认同的核心价值观教育体系，以及基于权利、责任和义务的法制教育体系构成。

“德育”体系还应促进学生的社会性和情感发展，为此，需要建立一个社会性和情感教育体系作为“德育”体系的补充。虽然社会性和情

---

① 朱旭东. 论教师专业发展的理论模型建构［J］. 教育研究，2014（6）：81-90.

感教育在传统的德育中也有涉及，但不够系统、不够突出，没有把它作为一个重要的维度彰显出来。我国社会主义现代化建设需要人才，更需要凝聚人才，把各种人才凝聚到实现中国梦这一历史使命上来。而社会性和情感作为人全面发展的重要维度之一，情感是社会团结协作的黏合剂，对凝聚人心、增进身份认同、提升文化自信具有重要作用。因此，社会性和情感教育应在五育并举中占有一席之地。在社会性和情感教育中促进学生社会性的健全发展，增进学生对国家与民族的感情。

构建一个促进脑智发展的“智育”体系。“脑智”主要是指人脑发育和心智发展两个部分，心智与认知密切联系。过去主要强调的智育，虽然在教育中占有重要地位，但主要是从知识和心理角度强调智育的重要性，因而致使脑育并没有得到重视。而大脑是人的智力发展依存的最重要的物质基础和生理基础。从人的全面发展视角来看，健全的、真正的智育应注重脑育。虽然脑科学与教育作为新兴研究领域日益受到国际的重视，但在我们的教育体系中，对脑育仍重视不足。在新的五育并举的教育体系中，我们需要把智育与脑育结合起来，把传统的智育拓展升级为新智育，即“脑智教育”。何谓“脑智教育”？它是指在继承传统智育优点的基础上开展的，基于脑、开发脑、脑智融合的教育。以脑神经学为代表的脑科学将成为脑智教育重要的学科基础，脑育是脑智教育的重要内涵。脑育强调以科学的方法开发脑，以人文精神关爱脑，以教育理念成就脑。

构建一个促进健康和安全发展的“体育”体系。健康和安全教育过去是没有纳入全面发展教育中的，尽管体育承担着健康教育部分，可是体育主要是培养学生的运动素养，促进身体锻炼，但健康教育远不止身体锻炼，而是涉及更广的范围。例如还包括促进身体健康发展的饮食教育等。如果说健康是人全面发展的重要身体基础，那么安全就是人全面发展的重要前提。因此，健康和安全教育也应是全面发展教育的重要内涵。在过去的全面发展教育体系中，安全教育并没有明确列入，尽管学校教育中会涉及安全教育，但不系统，更没有从五育并举的高度来重视安全教育。①

构建一个艺术和审美发展的“美育”体系。五育并举中虽然提到美育，但艺术和审美教育缺乏儿童成长的规律研究。当今受过从幼儿园到高中乃至大学的艺术和审美教育后，却没有掌握一门艺术技能的学生大有人在，因此学生的艺术和审美素养需要大力提高。在五育并举的教育体系中，要重视艺术和审美教育，把艺术和审美教育从娃娃抓起，以提高整体国民的现代审美素养。

构建一个对儿童全面发展起到独特作用的“劳动教育”体系。劳动教育的独特价值不仅在于培养儿童的劳动观念、劳动态度、劳动情感、劳动技能和劳动价值观，而且可以促进儿童的道德和公民性发展、社会性和情感发展、脑智发展、健康和安全以及艺术和审美素养发展。鉴于劳动教育具有促进儿童发展的综合性价值，我们需要构建一个有助于儿童综合发展的劳动教育体系。

上述道德和公民性教育、社会性和情感教育、脑智教育、健康和安全教育、艺术和审美教育是我们对德智体美劳五育认识的进一步深化，由此构建一个为社会主义现代化人才强国所需要的更为全面、更具内涵的五育并举的教育体系，使学生的文明素养、社会责任意识、实践本领、身体素质和心理健康水平等都得到提升，以切实促进人的现代化。

---

① 要构建一个保障儿童身心健康的教育体系，它是由体育、心育和食育构成的，它们要致力于儿童的运动、心理和养生的知识、能力和伦理的培养。

二、构建一个促进社会经济现代化需要的完备成熟的混合教育形态体系

构建社会主义现代化建设所需的教育体系，不仅需要在教育内涵方面五育并举，而且需要一个完备、成熟的教育形态体系，以促进社会经济发展，建设具有社会主义新型工业化、信息化、城镇化和农业现代化特征的经济强国。这个完备成熟的教育形态体系应该由四个部分构成，它们是学校教育体系、家庭教育体系、社会教育体系和三位一体、线上线下结合的教育体系。改革开放四十多年来，我国已经建成了世界最庞大的教育体系，为国家社会主义现代化建设奠定了坚实的教育基础，未来这个体系需要更加完善。

学校教育体系方面，需要从纵、横两个方向进一步完善。纵向方面，需要向两端进一步延伸发展，应抓住早教和老年教育这两个薄弱环节。具体而言，需要填补0—3岁托幼教育体系，通过政府和社会双轨制建立起来，推动义务教育均衡发展和城乡一体化发展，促进学前教育普惠性高质量发展；同时，进一步发展和完善老年大学、老年闲暇教育等。横向方面，学校教育应向多元、开放、特色与提质、升级方面进一步发展。例如，要强调初中阶段的公立义务教育；要打破普职高中教育双轨体系，建立综合、专门、特殊、英才（科技高中、技术高中、艺术高中、精英高中）等具有多样性特征的高中教育体系，尤其要建立科技高中，为建设社会主义现代化科技强国打下基础；要把特殊教育体系转变与升级为全纳融合教育体系。特别是，要大力发展高等专业教育体系。现代化国家建设的过程就是从普通劳动力为主的劳动力市场，向专业性劳动力为主的劳动力市场转化的过程，只有建立专业教育体系，才能满足普通劳动力市场日益向专业性劳动力市场转型与升级的需求。

“作为为专门职业培养专门人才的专业教育，‘专门职业’指向性是其本质属性，其基本特征是实践性、研究性、复合性和终身性，与职业高等教育相比，研究性与复合性是其根本性特征。”[①] 因此，一方面，要加大人力资本投入，增强职业技术教育的适应性，深化职普融通、产教融合、校企合作，探索中国特色的学徒制，大力培养技术技能人才；另一方面，要将传统的职业高等教育升级为专业高等教育，支撑起现代化国家建设对创新型、专业化、高素质劳动力的要求。要提高高等教育质量，分类建设一流大学和一流学科。我国要构建一个由工程师教育体系、医师教育体系、教师教育体系、律师教育体系、社区管理教育体系等构成的高等专业教育体系，并构建该专业教育体系的目标、课程与教学、师资队伍，加快培养理工农医类专业的紧缺人才。

家庭教育是我国教育形态中一个相对薄弱的体系。为了帮助幼儿扣好人生的第一粒扣子，不仅需要每位家长重视家庭教育，更需要建构适切的家庭教育体系。鉴于家庭的社区性和生活性，家庭教育体系建构需要获得社区的充分支持。“为完善幼儿家庭教育的社区支持，政府需要完善社区支持制度与经费保障机制；社区需要加强重视，丰富支持内容与形式；管理部门需要对社区支持状况加强评估与监测。”[②] 也就是说，需要建构社区家庭教育指导与服务体系。此外，针对家庭教育的生活性，需要建构打破现实时空界限的家庭网络教育体系，以实现随时随地都能进行家庭教育。概言之，我们需要以社区家庭教育指导体系和网络

---

① 徐今雅，朱旭东.“专业教育”辨析——兼论专业教育与高等职业教育的关系［J］.复旦教育论坛，2007（6）：29-34.

② 李晓巍，刘倩倩，王梦柯.幼儿家庭教育的社区支持指标体系：构建与应用［J］.教育学报，2019（2）：66-76.

教育体系为两翼，推进家庭教育体系建构，健全学校、家庭、社会协同育人机制。

相对于学校教育体系，我们的社会教育体系建构显得滞后与不足。社会教育体系需要充分发挥社会文化机构和文化环境的教育作用，协同学校教育与家庭教育，共同致力于为社会主义现代化建设培养人才。如果说学校教育体系更多是一种知识传播教育，那么文化环境则更多是一种文化体验教育。在社会教育体系中，要构建校外教育体系、博物馆教育体系、红色革命基地教育体系，同时还要构建一个公益慈善教育体系或者社会支持公益教育体系。

三位一体的教育形态体系同时应该有线上教育体系。在信息化、数字化、网络化的时代背景下，我国需要大力发展线上教育体系，构建线上线下混合学习体系。线上教育体系，是一种新型的教育体系。与学校教育体系、家庭教育体系和社会教育体系相比，它具有开放性与兼容性。它既能打破家庭教育、学校教育与社会教育的时空局限，又能渗透与融合学校教育体系、家庭教育体系和社会教育体系，促使其他三大教育形态实现数字化升级与完善。

三、构建一个促进人类命运共同体需要的国际教育体系

社会主义现代化强国，不是霸权强国，而是秉承“命运共同体”精神的友善型、文明型强国。它强调“中国梦”与“世界梦”美美与共。我国社会主义现代化强国建设，需要构建促进人类命运共同体需要的国际教育体系。

首先，促进人类命运共同体需要的国际教育体系，是教育强国重要的组成部分。纵观世界，美国、日本等教育强国，都有一整套国际教育

体系，从国际教育理念到国际教育实践，从国际教育法到国际教育政策，从国际学校到国际教育项目，从国际教育引进到国际教育输出，从民间国际教育力量到政府国际教育支持，都体现了一个强国应当具有的国际教育质量。而我国虽然在国际教育方面取得了长足进步，但与世界教育强国的国际教育体系相比，仍存在一定的差距，因此需要大力推进我国的国际教育体系建设。

其次，构建促进人类命运共同体需要的国际教育体系，是现代国际政治强国建设的内在要求。世界教育强国之所以有完备的国际教育体系，是因为它们有国际地位提升的内在需要。而随着我国国际地位的不断提升，我国也需要构建一套完备的国际教育体系。我国已经成为全球最大的出境游输出国，全球最大的消费市场，全球最大的制造“王国”。我国拥有全球最高效、最齐全的产业链集群，全球最具性价比的制造系统，全球最充分的市场竞争。此外，世界还初步形成了对中国力量的依赖，包括从技术到资本再到市场的综合依赖，以及对人力资源的依赖等，但这种依赖还是初级阶段的，必须提质增效，以期实现全球对中国高层次与高质量的依赖。达成这一目标，不仅要讲好中国发展故事，讲好与世界相处的内外关系故事，讲好中国对世界产生影响的故事，更重要的是要加快实施文化国际化战略，实现文化产品的国际输出，同时深度推进企业全球化和国际化，正如习近平总书记提出的，要推动构建人类命运共同体，落实“一带一路”倡议，使中国早日成为国际政治强国。这一切都离不开国际教育体系的整体构建。

我国需要构建什么样的国际教育体系呢？首先，我们需要构建以人类命运共同体为思想依据的国际教育理念。人类命运共同体是一种新型文明观，一种正确的义利观，一种新型国际秩序观。① 它强调人类共在、共存与共发展。它对我国高等教育国际合作具有重要的规范和引领作用。② 不仅如此，它对我国国际教育也具有重要指导意义。以人类命运共同体为指导理念的国际教育，更能彰显我国作为新型文明国家的精神风貌。其次，制定符合我国实际的国际教育法。国际教育法是国际教育发展重要的法律保障。1966年，美国出台了《国际教育法》，该法在美国国际教育史上占有极其重要的位置，为美国国际教育进入制度层面提供了法律依据。我国也需要以人类命运共同体为指导思想，制定一部符合时代要求与国情的国际教育法。最后，构建“引进来、走出去”的双向国际学校教育体系，全面构建矢志影响世界的中国文化传播的教育目标、课程和教学、师资等体系。概言之，我们需要从理念、法规与学校教育体系等一系列维度，建构起完备的、成熟的国际教育体系，以促进人类命运共同体和社会主义现代化政治强国建设。

四、构建一个促进社会主义现代化文化的互联网、人工智能环境下的数字化教育体系

社会主义现代化强国必须是一个文化强国，其核心是学习型强国。学习型强国是对学习型社会建设的继承与发展。学习型社会的本质是以学习求发展。③ 学习型强国也是以学习求发展，但立意更加高远，我国

---

① 徐艳玲，李聪. “人类命运共同体”价值意蕴的三重维度［J］. 科学社会主义，2016（3）：108-113.

② 周作宇，马佳妮. 人类命运共同体：高等教育国际合作的价值坐标［J］. 教育研究，2017（12）：42-50.

③ 顾明远，石中英. 学习型社会：以学习求发展［J］. 北京师范大学学报（社会科学版），2006（1）：5-14.

学习型社会建设主要是基于小康社会建设来谈的，而学习型强国的建设则是站在社会主义现代化强国建设与实现“中国梦”的高度来谈的。学习型强国，具有三个基本特征：学习资源强国、学习力强国、学习文化强国。学习资源强国，强调学习供给侧改革，以丰富、便利、高质量的学习资源，以满足人人皆可学、时时皆能学、处处皆便学的需求；学习力强国，强调国民学习力提升，以满足创新型国家建设需求；学习文化强国，强调愿学、乐学成为浓厚的社会风气，以形成良好的学习文化生态。学习型强国的建设需要构建互联网、人工智能环境下的数字化教育体系。何谓数字化教育体系？数字化教育体系可以概括为“一个中心、两类环境、三个内容库、四种技术、五类用户、六种业务”。“一个中心”即数字化教育云中心；“两类环境”即支持学校教育的数字化校园与支持终身教育的学习型数字化城区；“三个内容库”即学习资源库、开放课程库与信息管理库；“四种技术”即物联网、云计算、大数据、泛在网络四种核心数字化技术；“五类用户”即教师、学生、家长、教育管理者与社会公众；“六种业务”即数字教学、数字化学习、数字化管理、数字化科研、数字化评价与数字化服务。① 从学习视角看，数字化教育体系由数字化的学习资源体系、智能化的学习过程体系、数字化的学习评价与服务体系构成。

为何学习型强国的建设需要建构互联网、人工智能环境下的数字化教育体系？首先，传统的实体空间学习难以满足学习型强国的时代需求。工业化时代的产物——传统实体空间场所学习，主要是通过教室、图书馆、博物馆、剧场、戏院等场所来提供学习资源。这固然能在一定程度

---

① 杨现民，余胜泉．智慧教育体系构架与关键支撑技术［J］．中国电化教育，2015（1）：77-84.

上满足人们的学习需求，但还远远不够。由于实体空间场所具有边界性和时空限制性，因而难以满足学习资源强国的需求。其次，数字化教育体系具有学习资源的数字化、共享化、机会均等化等特征；学习方式的无边界化、无时空限制化、智能化等特征；学习力的数字化、信息化；学习文化的全民化、终身化、民主化等特征，能够为建设学习型强国提供丰富优质的学习资源，大力提升国民学习力，养成良好的学习文化生态。

如何构建互联网、人工智能环境下的数字化教育体系？首先，需要进行数字化教育供给侧改革。我们应充分挖掘和利用先进的信息技术，例如凭借我国5G网络的先进技术，构建一个全民可享用的数字化教育体系。其次，需要优化数字化学习过程，以提升国民数字化、信息化学习能力。“现代技术实现了物联物通，延展了学习空间，空间中的因子组合的多样性，使得学习生态实现了从原生态向新生态的转向。”① 新的学习生态催生新的学习能力。最后，需要健全与优化数字化教育的评价和服务体系建设。

五、构建一个促进和谐社会现代化的民办教育体系

社会主义现代化强国，不仅是政府善治强国，也是社会力量强国。这里的社会力量，泛指非政府的参与促进国家发展的积极力量，主要包括自然人、法人（社会组织、非政府组织、企业等）。社会力量是使一个国家充满活力的重要因素之一。社会主义现代化强国，是一个政府与社会携手共进的强国。社会力量在世界各国以不同形式存在，通过社

① 沈书生. 学习新生态：建构信息化学习力［J］. 苏州大学学报（教育科学版），2020（1）：1-8.

会力量促进国家发展既是发达国家的历史经验，也是中国社会主义现代化强国建设的重要议题。我国在社会主义现代化建设进程中，应充分吸引、利用社会力量，协同社会力量，促进各项事业的发展，这其中包括教育事业。民办教育是社会力量参与和发展教育事业的集中体现。经过将近四十年的发展，民办教育已经成为中国教育体系的一个重要组成部分，但需要基于中国民办教育的丰富实践构建一个健全成熟的民办教育体系。在构建一个促进社会发展的民办教育体系时，应注重以下几大体系建设。

首先，要构建完善的民办教育法规和政策体系，以支持与规范民办教育为主线，规范校外培训机构。近些年来，我国民办教育虽然取得了较大发展，但相对于公立教育仍然处于弱势地位，甚至被边缘化，因此更需要得到大力支持。只有在有力的政策支持环境下，民办教育才能迸发出更大的活力。如果说支持可以激发活力，那么规范则可以保持活力。因此，吸引社会力量（如民间资金）进入教育领域，必需理清“支持什么”与“规范什么”两大根本问题。① 其次，要加强民办学校现代治理制度体系建设。加强非营利性和营利性民办学校作为法人的规章制度建设，加强民办教育制度创新建设，例如基金会办学是一种很好的民办教育制度创新，实现了从自然人与企业法人向基金会办学的转变，体现了非营利民办高校的制度创新。“国际经验表明，基金会不仅是非营利性私立高校的重要办学主体之一和主要资金来源，还越来越多地从战

---

① 周海涛，闫丽雯．支持和规范社会力量兴办教育的新作为［J］．教育与经济，2019（1）：3-6.

略规划、学科布局、大学自治、教师发展等方面为其提供专业服务。”① 再次，要建立基于分类管理的民办学校法人治理体系。分类管理是我国民办教育发展的一个重要特征。“对民办教育分类管理有利于我国民办教育管理体制改革和民办教育的发展。”②2017年初发布的《国务院关于鼓励社会力量兴办教育促进民办教育健康发展的若干意见》明确提出“实行非营利性和营利性分类管理”。“2017年9月1日《中华人民共和国民办教育促进法》生效，标志着我国正式步入民办教育分类管理的新时代。”③ 民办学校法人治理体系也需要基于非营利性和营利性这两类民办学校的不同特点，建构其法人治理结构，形成决策、执行、监督相互独立、相互制约的法人治理机制。最后，要建立民办学校风险防范体系，具体包括民办教育领域社会信用体系建设，资产、财务和会计制度设计，信息公开、举办者变更等机制。

六、构建一个促进党对教育工作全面领导的教育治理体系

社会主义现代化强国也是一个治理体系完善和治理能力现代化的强国，它有力地保障了社会主义现代化各项事业的运转。教育事业也是如此，教育治理强国有力地保障了教育体系的有效运转。为此，我们需要构建一个中国共产党全面领导的教育治理体系，以推进社会主义现代化治理强国建设。我们可以在以下几个方面进行构建。

首先，建设教育治理的专业人才体系，为教育治理强国奠定人才基

① 刘金娟，方建锋. 我国基金会参与非营利性民办高校办学探索［J］. 复旦教育，2019（6）：41-47.

② 王善迈. 民办教育分类管理探讨［J］. 教育研究，2011（12）：32-36.

③ 周海涛，闫丽雯. 支持和规范社会力量兴办教育的新作为［J］. 教育与经济，2019（1）：3-6.

础。“教育治理是多元主体共同管理教育公共事物的过程。”① 现代化教育治理离不开治理主体的治理能力和素养。治理能力越强，往往治理效果越好。因此，需要在党的领导下全面提高相关治理主体的治理能力，使其达到科学化、专业化和人文化的治理水平。例如提升教育局局长的治理能力，实现教育局局长的专业化；提高教育财务人员的专业化、科学化水平。

其次，有针对性地构建一系列保障体系，以保障相关教育体系的有效运行。具体来说，要注重以下几个方面的保障体系建设。构建一个保障教育投入和产出有效的财务分析体系；构建一个保障教育质量的监测、评估、督导、诊断和干预的运转体系，建立学生学习成果评估体系，全面提升人才培养质量；构建一个保障高等教育内部运转的辅助人员体系，进行教育人事制度改革；构建一个保障职业技能质量的国家框架体系，为专业教育提供框架；构建一个保障儿童发展的生涯指导教育体系，突破以传统心理健康为主的体系，为儿童成长保驾护航；构建一个保障教育基础信息准确真实的公开数据体系，为管理、咨询和研究提供数据；构建一个保障教育体系运营的科研体系，建设教育科研课题的问题解决导向体系，数据库体系，管理循证化体系、智库体系；构建一个保障促进深度贫困地区教育发展的自主、陪伴和帮扶、内涵和外延、基础和提升相结合的后扶贫时代的教育脱贫体系，系统构建乡村产业、人才、文化、生态和组织振兴的教育新体系，促进完善民族地区教育质量和水平的保障体系，加大国家通用语言文字推广力度；构建一个高质量的教师教育体系，使其具备高质量的教师教育机构和教师教育者队

---

① 褚宏启. 教育治理：以共治求善治［J］. 教育研究，2014（10）：4-11.

伍；构建一个将现代科技、网络和人工智能应用于教育的辅助体系。

本套丛书是在国家高端智库中国教育与社会发展研究院的指导下，由高端智库主建单位北京师范大学中国教育政策研究院精心组织完成。这套丛书也是教育部哲学社会科学研究重大课题委托研究项目“中国共产党百年教育史研究”（20JZDW006）成果的一部分。今年是中国共产党创建一百周年，我们怀着无限的热情投入到这套丛书的研究和撰写工作中，以此向建党一百周年献礼。担任这套丛书编写工作的主要负责人有：李芒、张志勇、薛二勇、张伟远、周海涛、李琼、余胜泉、刘宝存、余雅风。他们都是中国教育政策研究院的团队首席专家或专家。在组织编写过程中，北京师范大学中国教育政策研究院薛二勇教授、教育部普通高校人文社会科学重点研究基地北京师范大学教师教育研究中心博士后刘丽莎付出了很大努力。本套丛书的编写工作得到了中国教育出版传媒集团有限公司、人民教育出版社的大力支持，在此一并表示感谢。

本套丛书主题宏大、体系庞大、价值重大，在研究和写作过程中我们克服了不少困难。由于我们的研究水平有限，难免存在不足之处，敬请读者批评指正。

朱旭东

2021年3月

本册前言

2019年2月，中共中央、国务院印发的《中国教育现代化2035》是我国第一部以教育现代化为主题的中长期战略规划，为我国推进教育现代化、从教育大国走向教育强国、办好人民满意的教育提供了建设方针与实施路径。“发展中国特色世界先进水平的优质教育”作为中国教育现代化的十大战略任务之一，充分体现了既站在中国大地上举办具有鲜明中国特色的教育，努力构建具有中国特色、中国风格、中国气派的学科体系、学术体系、话语体系，又面向世界先进办学经验，举办世界先进水平的优质教育。此战略任务是在我国教育改革发展实践中所提出的新观点、新理论的基础上，形成的培养新时代人才的新任务、新思路和新战略，也是加速提升国民素养、夯实中国特色社会文化的基础。

本书从发展优质教育的立德树人根本任务、教育质量标准体系、课程教材体系建设、人才培养方式和教育质量评估监测等五个方面，细致解读“发展中国特色世界先进水平的优质教育”的基本理念和实施策略。

“绪论”部分是对全书的核心——发展中国特色世界先进水平的优质教育——的解读与诠释，从社会、文化、人、培养质量及时代使命等角度进行阐释。

第一章阐述教育现代化语境中“立德树人”的内涵，围绕“培养社会主义建设者和接班人”这一“培根铸魂、启智润心”的根本教育任务，描绘中国特色理想信念教育、爱国主义情怀和奋斗精神的意蕴与培育。

第二章论述在实现人的全面发展的教育指引下，培育引领新时代的高素质劳动者，培养更多适应高质量发展、高水平自立自强的各类人才。坚守为党育人、为国育才，把立德树人融入德智体美劳各方面，强调关注当代学生的实践动手能力、合作能力和创新能力。

第三、四、五章讨论教育质量标准问题，既立足于全局高度，正视新时代中国教育质量所面临的新要求，提出构建各教育阶段教育质量标准体系的策略重点，又依据具体国情，针对学前教育、职业教育、高等教育质量标准的建设和完善提出建议。

第六章将关注点聚焦至办学层面，剖析在加快教育现代化的进程中，学校所面临的教育资源标准和办学条件调整机制的真实问题与挑战。

第七、八、九章进一步关注教学现场，从课程体系、教材建设、人才培养机制三个方面进行分析，以期构建新时代具备丰富内涵的课程体系，推进教材思想、教材管理体制、教材运行机制、教材理论研究、民族地区教材建设的不断发展，创新人才培养机制，建设高质量教育体系。

第十、十一章关注人才培养的环境构建，试图增强教育服务创新发展能力。不仅探讨多层面、全过程、多形态推进校园文化建设的必要性和重要意义，还阐述家庭教育和社会教育的价值理念、困难挑战和发展策略，从而勾勒出促进全社会担负起青少年成长成才的具象路径。

第十二章聚焦教育监测的政策解读与内涵揭示。完善教育质量监测体系需要构建“目标—内容—实施—保障”四位一体的教育质量评估监测机制，建立更加科学公正的考试评价制度，完善学校内部质量控制机制，将人才培养质量反馈监控体系贯穿到人才培养的全过程、全方位。

本书由团队集体完成，具体分工如下：绪论，李芒、李隆一；第一章，李子运；第二章，柏乐宜；第三、十二章，蔡旻君；第四章，李岩；第五、七、八章，孙立会；第六、十一章，张维山；第九章，郭俊杰；第十章，孔维宏。李芒和柏乐宜通读并修改全稿。

作为解读者，我们希望能够完整地展现中国教育现代化2035战略的大智慧、大思维以及具象布局。但因诸多缘由，难免有所疏漏，不当之处，敬请读者指正。

著者

2021年4月30日

目　录

绪 论

2013年9月9日，习近平总书记在写给全国广大教师的慰问信中明确要求“发展具有中国特色、世界水平的现代教育”。习近平总书记的这一重要论述，举旗定向，站在新时代坚持和发展中国特色社会主义的战略高度，揭示了中国特色社会主义教育的本质和发展规律，深刻阐明了党和国家对教育的重大关切，科学回答了教育的核心问题，即为了建设新时代社会主义强国，必须加快推进教育现代化、建设教育强国、办好人民满意的教育，为教育改革指明了战略目标和方向，为今后的工作提供了根本遵循。在习近平新时代中国特色社会主义思想和党的十九大精神的指引下，中共中央、国务院在《中国教育现代化2035》中将“发展中国特色世界先进水平的优质教育”作为中国教育现代化十大战略任务之一，着重强调在建设现代教育的伟大征程中，必须发展具有中国特色的教育，必须发展世界先进水平的教育，并最终实现优质教育。落实“两个必须”，是完成现代教育伟大梦想的最重要基石。当前，建设教育强国新征程已经扬帆起航，广大干部与教师应不待扬鞭自奋蹄，认真领会习近平总书记的重要讲话，贯彻执行《中国教育现代化2035》的精神实质。

第一节　发展中国特色的优质教育必须坚持社会主义办学方向

中华民族的辉煌历史铸就成一条颠扑不破的真理：只有社会主义才能救中国，只有走中国特色的社会主义道路才能发展中国。鸦片战争以来，中国历经太平天国运动、戊戌变法到辛亥革命，都未能把中国从悲惨境况中解救出来。中国先进分子对各种主义和方案进行反复比较和鉴别之后，从各种各样的主义中选择了社会主义。这是历史的选择，只有这条路可以给中国带来光明。中国特色社会主义开创了社会主义发展的崭新道路，这条康庄大道是当代中国发展的唯一正确道路。我们决不走封闭僵化的老路，也决不走改旗易帜的邪路。中国特色社会主义道路是在中国共产党的领导下，立足基本国情，以经济建设为中心，坚持四项基本原则，坚持改革开放，解放和发展社会生产力，建设社会主义市场经济、社会主义民主政治、社会主义先进文化、社会主义和谐社会、社会主义生态文明，促进人的全面发展，逐步实现全体人民共同富裕，建设富强民主文明和谐的社会主义现代化国家。那么，中国为什么必须走社会主义道路？我们认为，只有中国特色社会主义才能解放和发展生产力，只有中国特色社会主义才能维护社会公平正义，只有中国特色社会主义才能通过改革创新自我完善，只有中国特色社会主义才能凝聚党心民心，只有中国特色社会主义才能实现中华民族的伟大复兴。因此，中国必须走具有中国特色的社会主义道路，才能不断强大自己，富裕人民。中国特色社会主义是中国共产党领导全国各族人民在改革开放和社会主义现代化建设进程中找到的符合中国国情的道路。

教育与政治之间存在密切的、本质的关系。一方面，政治制约、决定和影响教育，而另一方面，教育又通过培养出一定规格的人影响政治。社会主义教育应该培养社会主义的新人。①《中华人民共和国教育法》也从法律层面规定了“教育必须为社会主义现代化服务”。因此，我国的现代教育必须高度重视教育对发展中国特色社会主义的重要作用，必须全面贯彻党的教育方针，必须解决好培养什么人这一根本问题。据此，中国的教育必须把培养社会主义建设者和接班人作为根本任务。我们培养的是社会主义建设者和接班人，而不是其他什么主义的建设者和接班人，需要培养拥护中国共产党的领导和社会主义制度、立志为中国特色社会主义奋斗终身的有用人才。科学社会主义的培养原则和内容不能丢，丢了就不是社会主义的人才。在此必须强调，培养社会主义人才具有全员性，也就是说，将所有学生都培养成为合格的社会主义建设者和接班人才是我们的最终目的，做到全覆盖、无死角。社会主义学校教育绝不能培养“中性人”，更不能培养“对立人”。

由此看来，坚持社会主义办学方向就显得十分重要了。我们的学校是党领导下的学校，是中国特色社会主义学校，必须全面贯彻党的教育方针，始终坚持社会主义办学方向。广大教师与干部必须坚定不移地、充满自信地、心甘情愿地接受党的领导，坚持以马克思主义理论为指导，全面贯彻新时代中国特色社会主义思想，为中国共产党治国理政服务，为巩固和发展中国特色社会主义制度服务，为改革开放和社会主义现代化建设服务。首先，坚持党对教育事业的全面领导，是发展优质教育的关键，是教育走社会主义道路的根本保证。中国特色社会主义最本

---

① 孙喜亭. 教育原理［M］. 北京：北京师范大学出版社，2003：118-130.

质的特征是中国共产党领导，中国特色社会主义制度的最大优势是中国共产党领导。中国共产党是中国特色社会主义教育事业的领导核心。党要牢牢掌握对学校工作的领导权，使学校成为党的领导下的坚强阵地。要加强教育系统党的建设。新时代加强教育系统党的政治建设、思想建设、组织建设、作风建设、纪律建设，尤其要把政治建设作为根本性建设，牢固树立“四个意识”，把思想建设作为基础性建设，坚定“四个自信”，以习近平新时代中国特色社会主义思想武装教育系统干部师生。要加强学校思想政治工作。思想政治工作是学校各项工作的生命线，各级党委、各级教育主管部门、学校党组织都必须紧紧抓在手上。[①] 其次，必须坚持社会主义意识形态。马克思主义是立党立国的根本指导思想，也是我国教育的鲜亮底色。坚持马克思主义指导地位不动摇，就要坚持不懈抓好马克思主义理论教育，为学生一生成长奠定科学的思想基础；要坚持不懈培育和弘扬社会主义核心价值观，引导广大师生做社会主义核心价值观的坚定信仰者、积极传播者和模范践行者；坚持在理想信念上下功夫，教育引导学生树立共产主义远大理想和中国特色社会主义共同理想，立志肩负起民族复兴的时代重任；坚持在思想品德上下功夫，教育引导学生培育和践行社会主义核心价值观，踏踏实实修好品德，成为有大爱大德大情怀的人。

① 杨银付. 建设中国特色、世界水平的现代教育［N］. 光明日报，2018-09-29.

第二节　发展中国特色的优质教育必须弘扬中华优秀传统文化

习近平总书记指出，要坚持扎根中国大地办教育。扎根中国大地办优质教育，就必须坚决加强中华传统文化教育。中华传统文化的熏陶是中国特色优质教育的核心特征之一。加强中华优秀传统文化教育，是深化中国特色社会主义教育的重要组成部分。中国特色社会主义道路是在对中华民族五千年悠久文明的传承中走出来的，具有深厚的历史渊源和广泛的现实基础。青少年学生必须更加全面准确地认识中华民族的历史传统和文化积淀，认清中国特色社会主义的历史必然性，坚定走中国特色社会主义道路、树立中华民族伟大复兴中国梦的理想信念。加强中华优秀传统文化教育，是构建中华优秀传统文化传承体系、推动文化传承创新的重要途径。当今世界，文化越来越成为民族凝聚力和创造力的重要源泉，博大精深的中华优秀传统文化是我们在世界文化激流中站稳脚跟的根基。加强中华优秀传统文化教育，是培育社会主义核心价值观、落实立德树人根本任务的重要基础。世界范围内各种思想文化的交流交融交锋更加频繁，社会思想观念日益活跃，现代传播技术迅猛发展。青少年学生思想意识更加自主，价值追求更加多样，个性特点更加鲜明。社会上一些不良思想倾向和道德行为，对青少年学生健康成长产生了不容忽视的影响。加强中华优秀传统文化教育，对于引导青少年学生增强民族文化自信和价值观自信具有重要作用。必须在厚植爱国主义情怀上下功夫，让爱国主义精神在学生心中牢牢扎根，立志扎根人民、奉献国家。习近平总书记说，教育改革要坚持文化自信。要弘扬我国优秀文化和教育传统，好的经验要坚持，不足的要补齐。中华民族具有光辉灿烂的独特发展历史、独特的民族文化，这决定了我国必须走自己的教育发展道路，必然传承中华文化的血脉。

文化是一个民族的灵魂。习近平总书记指出："一个国家、一个民族不能没有灵魂。""中国传统文化博大精深，学习和掌握其中的各种思想精华，对树立正确的世界观、人生观、价值观很有益处。"中华优秀传统文化是中华民族最深沉的精神追求、最根本的精神基因、最独特的精神标识、最宝贵的精神品格和命脉，是民族精神和信念的重要源泉，是人民的精神家园，是当代中国社会主义核心价值观的思想渊源，是中华民族精神安身立命、永续繁衍、绵延不绝的"根"与"魂"，也是全人类弥足珍贵的精神瑰宝。它蕴含着最丰富的中华智慧和道德理念，具有最深厚的软实力，是文化自信的重要根基。中华优秀传统文化是当代中国实现国家现代化的重要保证。一个无视或者背叛自己历史文化的民族，不可能发展起来。

因此，必须将弘扬中华优秀传统文化作为培根铸魂的重要教育工作而为之。加强中华优秀传统文化教育，是建设中华优秀传统文化传承体系、推动文化传承创新的重要途径。当今世界，文化在综合国力竞争中的地位和作用更为凸显，越来越成为民族凝聚力和创造力的重要源泉。加强中华优秀传统文化教育，是建设社会主义文化强国的重大战略任务，对于更好地传承中华文脉、全面提升人民文化素养、维护国家文化安全、持续推进国家治理体系和治理能力的大发展都具有重要意义。加强中华优秀传统文化教育，是当代中国实现国家现代化的重要保证。任何国家的现代化都是以其文化传统和价值观为指导的。现代化包括物质的现代化、社会结构的现代化和生活关系的现代化，而其中最重要的是人的现代化。加强中华优秀传统文化教育，是构建人类命运共同体的重要助力。中华优秀传统文化与通过发展合作、实现共赢共享的新型国际关系来构建人类命运共同体，有着密切的内在联系。①

那么，承载中华优秀传统文化思想内涵的精华何在？习近平总书记在中共中央政治局第十三次集体学习时指出，深入挖掘和阐发中华优秀传统文化讲仁爱、重民本、守诚信、崇正义、尚和合、求大同的时代价值，使中华优秀传统文化成为涵养社会主义核心价值观的重要源泉。“讲仁爱、重民本、守诚信、崇正义、尚和合、求大同”，是中华优秀传统文化中思想道德、政治理念、价值追求、人格修养、独特品质、社会理想的精华，是中华传统美德和民族精神的高度概括，是涵养社会主义核心价值观的重要源泉，集中体现了中华优秀传统文化的思想精华、道德精髓、根本精神和核心思想理念，集中体现了中华民族的传统核心价值观。加强中华优秀传统文化教育，必须围绕“讲仁爱、重民本、守诚信、崇正义、尚和合、求大同”这一核心思想理念和核心内容，不断地、长期地进行下去。

中华优秀传统文化有其独特的价值体系。它是新时期中华民族共同价值观的感召力、影响力、凝聚力的集中体现。加强中华优秀传统文化教育必须深刻理解和认识中华优秀传统文化的基本功能和时代价值。首先，中华优秀传统文化的基本功能是能够化解人类面临的矛盾冲突及人生面临的困难、困惑，能够提供强大而有益的精神滋养和价值影响。在现代社会，人类主要面临着五大冲突，即人与人、人与自然、人与社会、人与自我心灵以及不同文明之间的冲突。这五大冲突也造成了人类

---

① 翟博．加强中华优秀传统文化教育［N］．中国教育报，2017-08-31.

生态、社会、道德、精神和价值的五大危机。解决这些冲突、危机与人生面临的困难、困惑，很难从西方文化中找到答案。因为西方文化的价值追求是以自我为中心的，而中华优秀传统文化所关注的是人与自然、人与社会群体、人与人、人与自我心灵的和谐关系，和谐是中国优秀传统文化的最高准则。其次，深刻认识中华优秀传统文化的时代价值，是加强中华优秀传统文化教育的前提。中华优秀传统文化是维系中华民族团结奋进的精神纽带。中华优秀传统文化融合形成了中华民族独特的向心力、凝聚力、共同的理想信念，熔铸塑造了中华民族的民族精神、思想观念、价值追求，形成了中华民族强大的文化引导力和精神原动力。中华优秀传统文化也是实现中国梦的精神力量之源。习近平总书记在联合国教科文组织总部的演讲中指出“没有文明的继承和发展，没有文化的弘扬和繁荣，就没有中国梦的实现”，深刻地指明了弘扬中华优秀传统文化与实现中国梦的关系。实现中国梦，是物质文明和精神文明比翼双飞的发展过程，需要文化旗帜引领，需要文化精神激励，需要文化软实力支撑，更需要文化的认同和凝聚。最后，中华优秀传统文化是建设社会主义核心价值观的重要源泉。它是在汲取中华优秀传统文化的丰富营养基础上的发展，是中华优秀传统文化在当代的发扬。弘扬社会主义核心价值观，必须立足于中华优秀传统文化。这是党中央立足国内国际两个大局，站在历史、现实和未来的时空交会点上高瞻远瞩，对核心价值观教育做出的战略设计、历史定位和对未来发展的方向性指引，是当前培育和弘扬核心价值观的战略出发点和落脚点。

中华优秀传统文化教育的主要内容是什么？以弘扬爱国主义精神为核心，可以从爱国、处世、修身三个层次概括凝练出中华优秀传统文化教育的主要内容。首先，开展以天下兴亡、匹夫有责为重点的家国情怀教育。引导学生深刻认识中国梦是每个人的梦，以祖国的繁荣为最大的光荣，以国家的衰落为最大的耻辱，增强国家认同，培养爱国情感，树立民族自信，形成为实现中华民族伟大复兴的中国梦而不懈努力的共同理想追求。其次，开展以仁爱共济、立己达人为重点的社会关爱教育。引导学生正确处理个人与他人、个人与社会、个人与自然的关系，学会心存善念、理解他人、尊老爱幼、扶残济困、关心社会、尊重自然，培育集体主义精神和生态文明意识，形成乐于奉献、热心公益慈善的良好风尚。最后，开展以正心笃志、崇德弘毅为重点的人格修养教育。引导学生明辨是非、遵纪守法、坚韧豁达、奋发向上，自觉弘扬中华民族优秀道德思想，形成良好的道德品质和行为习惯。通过家国情怀、社会关爱和人格修养三个层面的教育，培养学生做有自信、懂自尊、能自强，高素养、讲文明、有爱心，知荣辱、守诚信、敢创新的中国人。

如何有效推进中华优秀传统文化教育？第一，应该深入领悟中华优秀传统文化的思想精华。学生只有通过吸收其精华，才会激发爱国热情，增强文化自信，才能树立正确的世界观、人生观、价值观。学生只有了解中华优秀传统文化的历史渊源、发展脉络、基本走向，理解中华文化的独特创造、价值理念、鲜明特色，才能把握继承和创新的关系，实现中华优秀传统文化创造性转化和创新性发展。第二，应该继承和弘扬中华优秀传统美德。加强学生的思想道德建设，激发学生形成善良的道德意愿、道德情感，培育正确的道德判断和道德责任，提高道德实践能力，引导学生向往讲道德、遵道德、守道德的生活，形成向上、向善的力量。第三，必须加强爱国主义、集体主义教育。引导学生树立和坚持正确的历史观、民族观、国家观、文化观，不断增强做中国人的自豪感。第四，加强中华优秀传统文化教育，必须树立文化自觉，增强文化自信和价值观自信。用博大精深、源远流长的中华优秀传统文化滋养自己，让扎根中国大地、具有时代精气神的中华优秀传统文化成为我们实现复兴、走向世界的坚实根基。[①]第五，加强中华优秀传统文化教育，力求做到三个“全覆盖”：一是学科课程全覆盖，将优秀传统文化的教育内容体现到主要课程中去，让优秀传统文化教育进课堂、润心灵；二是教学环节全覆盖，包括课堂教学、课堂外教学、家庭教育和社会教育；三是教育人群全覆盖，从小学一直到大学，整体贯穿中华优秀传统文化教育，帮助所有学生获得审美体验、文学熏陶，从而实现传统文化的代际传承。

① 翟博. 加强中华优秀传统文化教育［N］. 中国教育报，2017-08-31.

第三节　发展中国特色的优质教育必须培养全面发展的人

习近平总书记在2018年全国教育大会上指出，要努力构建德智体美劳全面培养的教育体系，形成更高水平的人才培养体系。《中国教育现代化2035》强调，以习近平新时代中国特色社会主义思想为指导，培养德智体美劳全面发展的社会主义建设者和接班人。为此，必须大力发展素质教育，促进德育、智育、体育、美育和劳动教育有机融合，全面提升学生意志品质、思维能力、创新精神等综合素质，提高心身健康发展水平，培育担当民族复兴大任的时代新人。

《中国教育现代化2035》的指导思想是坚持马克思主义指导地位，坚持中国特色社会主义教育发展道路。那么，制定中国的教育目标就必须以马克思主义关于人的全面发展学说为理论遵循。1845年，恩格斯在《在爱北斐特的演说》中指出，“每一个人都无可争辩地有权全面发展自己的才能”。1845—1846年，马克思和恩格斯在《德意志意识形态》中指出，人的全面发展实际上就是全面发展其才能，就是全面发展自己的一切能力。1847年，恩格斯在《共产主义原理》中把全面发展的人称为“全新的人”。这种全新的人是“各方面都有能力的人，即能通晓整个生产系统的人”，以便于全面发展的人能够“根据社会的需要或他们 自己的爱好，轮流从一个生产部门转到另一个生产部门”。[①] 众所周知，人类社会早已提出培养全面发展的人的理想，但是，这个理想只有

① 涂俊礼. 关于人的全面发展理论渊源的思考［J］. 教育探索，2006（2）：56-57.

在马克思主义指导之下，才能真正付诸实施。这个人类崇高理想在很长历史时期里不过是一种空想，直到马克思主义诞生才成为科学，因为马克思给予了科学论证，它不再只是一种假说，而是通过不断的教育实践，逐步变成现实。① 人的全面发展既是共产主义的理想目标，又是新时代中国特色社会主义的本质要求。人的全面发展是一个逐步提高、永无止境的历史过程。因此，为了实现共产主义远大理想，必须在社会主义初级阶段就将人的全面发展作为教育的培养目标。

中国特色的优质教育，首先应该培养全面发展的人。马克思主义关于人的全面发展的理论有三大特征。第一，它不是简单地从量上规定全面发展的，而是赋予它深刻的历史与阶级内容，主要谋求最广大人民群众尤其是被剥削被压迫的体力劳动者在智力方面的发展，使得受教育者的主体价值获得最充分的呈现，具有特殊的内涵。由此看来，马克思的全面发展的概念不等同于教育学的全面发展的概念。② 马克思的全面发展更加强调人的本质性全面发展，而不是表面化、浅层次、简单化、数量化的全面发展。第二，它倡导个人自由充分独创地发展，谋求每个人提高自身的精神境界和知识能力等力量去更好地创造新世界，逐步摆脱屈从和被动的地位。马克思所强调的全面发展不仅应当是全面的，而且应当是自由的，是每个人的自由而全面的发展，是人的“自由个性”的全面发展。人的全面发展，不仅是个体素质的全面发展，而且是全社会人的整体素质的全面发展。人的全面发展是每一个个体能够完全按照自

① 黄济，王策三．现代教育论［M］．北京：人民教育出版社，1996：173.

② 孙喜亭．教育原理［M］．北京：北京师范大学出版社，2003：173.

己的意愿自由地发展自己想要发展的素质和能力。[①] 第三，人的全面发展必须与生产劳动相结合。马克思在《资本论》中指出，教育与生产劳动相结合是造就全面发展的人的唯一方法。因此，生产劳动是实现人的全面发展的基本途径和必不可少的条件。“生产劳动给每一个人提供全面发展和表现自己全部能力即体能和智能的机会，这样，生产劳动就不再是奴役人的手段，而成了解放人的手段，因此，生产劳动就从一种负担变成一种快乐。”[②] 教师应该帮助学生通过劳动来探索世界，同时发展学生自身的需要、情感和能力。

如何才能促进学生的全面发展？第一，必须将全面发展观贯彻落实到教学实践活动之中。切实促进学生德智体美劳全面发展、和谐发展，有意识地将全面发展贯穿于人才培养的全过程。必须克服重考试的科目而忽视甚至挤压非考试科目，重智育，轻德育、美育、体育和劳动教育等做法。加强树立教育的整体观和系统观。第二，坚持个性化教育的基本原则，坚持以学生为本。既注意受教育者的全面发展，又注意受教育者的个性发展。坚持因材施教的原则，积极开发学生的潜能，同时注意学生各个方面的发展。第三，科学合理地加强教育与生产劳动相结合。不能对教育与生产劳动相结合进行简单化、生硬化处理，应该将生产劳动作为一种重要的教育元素巧妙有效地植入学生的学习过程之中。充分利用劳动教育培养学生的创新精神和实践能力，努力培养学生热爱劳动、尊重劳动和依靠自己的劳动生存的观念。第四，努力实现教育公

---

① 吴德刚. 关于马克思主义人的全面发展学说的再认识［J］. 教育研究，2008（4）：3−8.

② 恩格斯. 反杜林论［M］// 马克思，恩格斯. 马克思恩格斯选集：第3卷. 北京：人民出版社，2012：681.

平，为每一个学生提供实现全面发展的机会与条件。教育公平是保证所有学生全面发展的重要基础。党的十九大报告指出，必须补齐短板，促进社会公平正义，并对促进教育公平做出了重要部署。保基本、补短板、促公平，重点在于推动城乡义务教育一体化发展，为促进人的全面发展提供教育制度保证。这是缩小城乡义务教育差距的标本兼治之策，充分彰显了教育权利和机会公平。此外，还要统筹各级各类教育的发展，促进教育发展规模、质量、结构、效益的整体统一。同时，还应当重视女性的受教育权利和全面发展，统筹各民族的教育事业，促进各民族的共同繁荣和教育的均衡发展，促进公办教育和民办教育共同协调发展。

第四节　发展世界先进水平的优质教育，提升人才培养质量是核心

提高人才培养质量是优质教育的生命线，是优质教育的工作重点。中国特色社会主义新时代，必须以党的教育方针为指引，坚决为社会主义培养全面发展的、高水平的建设者与接班人。

在新时代中国特色社会主义的语境之下，提升人才培养质量包括两层含义。第一，必须提升铸魂的水平，必须保证培养一代又一代拥护中国共产党的领导和我国社会主义制度、立志为中国特色社会主义奋斗终身的有用人才，这是中国特色教育现代化的方向目标与规格方位。中国高水平人才培养质量的最重要指标就体现在是否能够完成这一根本任务。要提升培养理想信念的教育质量，能够真正引导学生树立共产主义远大理想，立志听党的话，跟党走，增强“四个自信”，厚植爱国主义情怀，让社会主义核心价值观真正成为学生的人生灯塔。目前，学校的思想政治教育的质量还有待进一步提升，特别是在思想政治教育全覆盖的新要求下，问题更加凸现。例如，学生缺乏学习热情与兴趣，教育教学方式有待改进，全体教师的“四个意识”“四个自信”水平还需提升。第二，今后的建设者与接班人必须适应人类社会发展需要，具有能够在新时代引领世界潮流的国际竞争力与影响力，具有广博见识和丰厚学识，求真理、悟道理、明事理的能力，具有综合能力，有超强的创新思维能力。为此，必须培养学生的奋斗精神，引导学生树立高远志向，历练敢于担当、勇往直前的精神，具有乐观向上的人生态度，做到刚健有为、自强不息。坚持以美育人、以文化人，提升学生审美和人文素养。

引导学生崇尚劳动，立志辛勤劳动、诚实劳动、创造性劳动。提高人才培养质量，就必须深化教育改革，推进素质教育，创新教育方法。要调动广大教师和学生共同参与教学改革的积极性。改正单纯传授知识的教育取向，倡导教育目标的多元化和丰富性，切实做到“以德为先”“全面发展”。树立科学的教育质量观念，深化教育教学改革创新，全面提高学校教育教学质量，打造高效课堂。教研工作一直是我国教育的优秀传统，要把教研对提高育人质量的重要支撑作用充分发挥出来。大力加强实验教学，开足开齐开好实验课程。不会阅读就不会学习，现在学生普遍阅读量不够，阅读习惯欠缺，要广泛开展中小学生阅读活动，读经典、读原著，在系统阅读、大量阅读、深层次阅读中发现问题、思考问题、提升素养。

必须改革人才培养模式，不断更新教学内容、创新教学方式，落实“面向人人”“因材施教”“知行合一”等基本理念。激发学生的好奇心和学习兴趣，优化知识结构，增加社会实践，使学生在实践活动中成长。必须把学校的重点工作以及教育资源配置集中到教学工作上来，面向未来持续进行教育创新，革除传统教育的弊端。

第五节　发展优质教育，必须完成新时代赋予教育的重点任务

新时代我国优质教育的产生，需要在教育实践中落实重要工作。努力培养担当民族复兴大任的时代新人，必须提高培养社会主义建设者和接班人的能力，必须全面落实立德树人的根本任务，发展素质教育，广泛开展理想信念教育，厚植爱国主义情怀，加强品德修养，提高思想水平，培养奋斗精神。帮助学生增长知识及提高文化素养，必须建构德智体美劳全面培养的教育体系和评价体系，形成高水平人才培养体系，努力培养又红又专、德才兼备，能够满足党、国家、人民以及时代需要的人才。为了发展优质教育，必须在具体的工作方面下功夫。

第一，全面落实立德树人根本任务。将立德树人融入教育的各个环节、各个学段、各个领域，大力落实全员全过程全方位育人。“三全育人”关键在“育”，人才培养一定是育人和育才相统一的过程，而育人是本。优质教育必须构建育人新模式，营造育人新生态，全面提升人才培养水平。“三全育人”重心在“全”，全体教职员都是“育人者”，将立德树人贯穿教育全过程和学生成长全过程，将立德树人覆盖课上课下、网上网下、校内校外，实现育人无时不有和无处不在。① 必须帮助学生确立正确的理想信念，充分理解中国特色社会主义和中国梦的必然性，掌握党的基本理论、基本路线和基本方略，教育学生树立共产主义远大理想。加强中国历史特别是中国近代史、中国革命史、中国共产党

① 熊晓梅. 坚持立德树人　实现“三全育人”[N]. 光明日报，2019-02-14.

史、中华人民共和国史、中国改革开放史的教育，引导学生树立正确的民族观、国家观和文化观，坚持不懈地弘扬社会主义核心价值观。落实立德树人，需要增强德育的针对性和实效性。应该从学生的身心特点和思想实际出发改进德育方式，注重循序渐进、因材施教、潜移默化，开展喜闻乐见、入脑入心的德育活动，充分发挥课堂教学主渠道作用和各科的德育功能，推进大中小幼一体化德育体系建设。

第二，培养全面发展和具备各种能力的人才。在教育过程中，需要增强学生的综合素质，提升学生的综合能力。必须树立健康第一的教育理念，全面强化学校体育工作，帮助学生在体育锻炼中享受乐趣、增强体质、健全人格、锻炼意志。目前，由于升学的压力，学校体育有“边缘化”的危险，视力不良和体质健康水平仍是学生素质的短板。在体育工作中必须做好四个方面的工作：一是评价。继续开展学生身体健康素质监测，把体育工作纳入教育现代化评估指标体系，纳入考试制度改革，纳入督导评价内容。二是保障。体育设施设备要重新厘定标准、逐步配齐，师资要有计划培养补充。要落实好校方责任险等制度，解除学校的后顾之忧。三是习惯。要改进体育教学，兴趣是最好的老师。四是示范。办好校园足球等特色学校，鼓励开办少数民族特色体育项目课程，辐射带动更多学校开展好体育。健康，不只是指身体健康，现在学生学业压力大、就业压力大，要抓好心理健康教育，向学生提供经常、及时、有效的心理健康指导与咨询服务，培育积极向上的健康心态。全面加强和改进学校美育，建立中小学美育课程刚性管理机制，开齐开足上好美育课程。通过专兼结合、加强培养、岗位激励等举措，加强美育教师队伍建设。完善美育器材配备标准，加快推进美育设施标准化建设。要把学校美育工作情况以及学生艺术素质测评结果作为考核评价重要指标，引领学生树立正确审美观念、陶冶高尚道德情操、塑造美好心灵。全国教育大会把“劳”列入全面发展的素质要求，丰富了新时代党的教育方针。劳动可以树德，可以增智，可以强体，可以育美。应该将动手实践内容纳入学生综合素质评价，纳入对政府、教育部门和学校的督导评估中。要对学校和家庭劳动教育的组织、学段任务、强度要求、教学目标、保障手段等做出详细指导。通过日常家务、手工制作、“非遗”传承、学工学农、社会实践、志愿服务等多种方式加强劳动教育。用好校内校外两种资源，加强职业启蒙教育，抓好综合实践基地建设。要防止劳动教育中的娱乐化、形式化、惩戒化等问题，将劳动教育融入学生日常学习和生活。引导学生崇尚劳动、尊重劳动，懂得劳动最崇高、劳动最伟大、劳动最美丽。强化实践动手能力、解决实际问题能力、合作能力、创新能力的培养。

第三，完善教育质量标准体系。追求标准是现代社会的重要基本特征。质量标准是提升各级各类教育质量的重要保障，因此，应该按照教育部印发的《关于完善教育标准化工作的指导意见》，加快完善重点领域标准，形成按标准办事的习惯，不断提升运用标准的能力和水平。制定覆盖全学段、体现世界先进水平、符合不同层次类型教育特点的教育质量标准，明确学生发展核心素养要求。完善学前教育保教质量标准，建立健全中小学各学科学业质量标准和体质健康标准，健全职业教育人才培养质量标准，制定紧跟时代发展的多样化高等教育人才培养质量标准。制定并完善人才培养资源要素标准，根据各级各类教育特点和人才培养目标，建立以师资配备、生均拨款、教学设施设备等资源要素为核心的标准体系和办学条件标准动态调整机制，并且根据教育发展需求和社会发展状况，适时修订办学条件标准。

第四，加强课程教材体系建设。必须积极推进大中小学课程建设。要充分反映当代中国马克思主义和世界科学技术进展，广泛吸收人类优秀文明成果，建设适应新时代中国特色社会主义发展要求、门类齐全、学段衔接、突出基本课程的课程体系。加强大中小学德育课程一体化建设，完善高等学校思想政治理论课建设标准和体系。分类制定课程标准，按照循序渐进、由浅入深、有机衔接的原则，合理设计各学段、各学科专业教学基本内容和要求，促进各学段教学内容纵向衔接和各学科教学内容横向配合。促进学科间融合，探索开发以培养综合素质为核心的跨学科课程和主题学习课程。充分利用信息技术丰富并创新课程形式，大力开发微课程、大规模在线开放课程、讲座式课程、综合实践活动课程。健全国家教材制度。强调统筹为主、统分结合、分类指导，增强教材的思想性、科学性、民族性、时代性、系统性，切实发挥教材育人功能。完善教材编写、修订、审查、选用以及退出机制。

第五，创新人才培养方式。积极探索进行素质教育的有效途径，紧紧围绕学生发展的核心素养及关键能力，改革传统教学方式中不适应新时代需求的、不符合教育规律和人才成长规律的做法，改变单向灌输、死记硬背、只教知识的教学方式。注重培养和发挥学生的创新力，保护学生的学习兴趣，激发学生的好奇心，培养学生的批判性思维、问题解决能力、动手能力、合作能力。应该遵循因材施教、个性化发展的教学原则，努力开发学生的潜能，更加注重选择性、自主性和开放性。鼓励教师以现代先进的教学理念为指导，注重学思结合，引导知行统一，创新教学方式和学习方式。积极推进启发式、探究式、参与式、合作式等教学方式以及走班制、选课制等教学组织模式，培养学生的创新精神与实践能力。

第六，大力推进校园文化建设。校园文化是学校教育的重要组成部分，是立德树人不可或缺的重要环节，也是德育体系中亟待加强的重要方面。校园文化通过校风、教风、学风，多种形式的校园文化活动，人文和自然的校园环境等来潜移默化而深刻地影响学生。首先，校园文化建设有利于对学生进行思想品德教育。良好的校园文化以鲜明正确的导向引导、鼓舞学生，以内在的力量凝聚、激励学生，以独特的氛围影响、规范学生。大力加强校园文化建设，对于增强德育工作的针对性和实效性，实施引导学生树立社会主义荣辱观、加强和改进思想道德建设这一重大而紧迫的战略任务，努力培育有理想、有道德、有文化、有纪律，全面发展的中国特色社会主义事业的合格建设者和可靠接班人具有十分重要的意义。其次，校园文化建设有利于加强心理健康教育。在校园文化活动中，学生的心理世界充分敞开，因此，在活动开展的过程中渗透心理健康教育，更能对学生的心理健康产生全方位影响，促进学生身心全面发展。最后，校园文化建设能够培养学生的创新能力。实施创新教育是为了培养适应新时代需求的高水平人才，培养创新、创造、创业能力，激发创造性思维和创新精神不仅关系到人才培养的方向和目标，也决定着未来社会及民族振兴的发展。因此，必须紧紧围绕创新型人才培养的基本要求开展文化建设。创新教育主要包括理解创新含义、增强创新意识、学习创新知识、提升创新能力以及进行创新实践活动等基本内容。各校可以专门开设创新课程，将创新教育课程化，这有利于在全过程中进行长期的浸润式教育，可以使学生更加专注地明确创新、创造和创业的意识与方法。可以通过校园文化，宣传创新、创业政策，举办创新创业大赛等校园活动，让“大众创业、万众创新”的理念深入人心，成为学生的时代指引和价值追求。还可以开展创新实践活动。创新意识和能力的提升是实践性很强的人类活动，因此，学校必须为学生安排创新实践活动，有条件的学校应该设立创新实践基地，将劳动教育与创新教育有机地结合起来，为学生提供创新实践的场所和环境。

第七，重视家庭教育和社会教育。除学校教育之外，教育形态还包括家庭教育和社会教育。家庭是人生的第一所学校，家长是孩子的第一任老师。家庭教育是人最早接触的教育，是立德树人的第一个环节，家长必须为孩子扣好人生第一粒扣子。很多家长认为教育孩子只是学校教师的任务，只要将孩子送进理想的学校就万事大吉。但家庭教育不良，必然会消解学校教育的效果，出现“二大于五”的现象。因此，必须注重家庭，注重家教，注重家风，帮助家长成为立德树人的重要力量。学校可以通过家委会、家长学校、家长课堂等形式，进行家长教育，积极建立政府、家庭、学校、社会联动的家庭教育工作体系，并且应该系统化地、完整地实施家长教育。社会教育是对人一生影响最大、最持久的教育。这是因为人生存在社会之中，整个生命历程都离不开社会的影响。社会教育既是学校教育的补充，又具有学校教育不可替代的作用。社会教育是指由政府、公共团体或私人所设立的社会文化教育机构对社会全体成员所进行的有目的、有系统、有组织、独立的教育活动。社会教育主要包括社会传统的教育、社会制度的教育与社会活动的教育。① 在以往社会教育的开展中，培训机构、影剧院、博物馆、图书馆、公园等都是社会教育进行的重要场所，可以开展讲座式、工作坊式、函授式、媒体传播式、展览式、自学式等的教育活动。当下，使用网络技术

① 侯怀银，张宏波．“社会教育”解读［J］．教育学报，2007（4）：3-8.

进行社会教育已经成为社会教育发展的新趋向。随着我国终身学习体系不断完善，社会教育必然会产生更加重要的积极作用。

第八，构建教育质量监测机制，建立全过程、全方位人才培养质量反馈监控体系，建立更加科学公正的考试评价制度。坚持分类评估、动态监测原则，开展常态化人才质量跟踪监测。建立质量监测结果反馈改进机制，加强监测信息公开和结果反馈，健全质量信息收集和发布制度，健全监测结果与资源投入挂钩机制，引导行业企业和其他社会力量积极参与教育质量监测评估，培育和扶持一批具有独立性、专业性、权威性的第三方评估机构，形成若干具有国际知名度的教育质量监测评估组织和机构。按照促进学生成长、国家选材、社会公平有机统一的原则，逐步使考试招生制度更加完善。完善初高中学生学业水平考试和综合素质评价制度。建立更加完善的职业院校分类考试招生制度。深化研究生考试招生制度改革，建立健全有利于拔尖创新人才培养和高层次应用型人才脱颖而出的招生选拔机制。

综上所述，优质教育是一个价值性概念，是教育的内在价值，是中国教育所具有的品质特征，是能够培养担当民族复兴大任的时代新人的教育。中国特色是中国新时代社会主义的本质特征和根本属性。世界先进水平是公共价值，是中国教育所具有的世界性的共同价值，体现的是人类智慧的精华、人类文明的发展方向。而中国特色世界先进水平的优质教育则是新时代教育现代化进程中重要的理念创新、思想创新和目标创新，是《中国教育现代化2035》最为闪亮的一笔。[①] 总的来说，中国特色世界先进水平的优质教育是坚持社会主义办学方向、走社会主义现

---

① 高书国. 中国特色世界先进水平优质教育的时代内涵［J］. 人民教育，2019（6）：35–38.

代化道路的教育，是体现中华优秀传统文化的教育，是体现世界先进质量标准的教育，是服务人民、让人民满意的教育，是面向世界、产出中国方案、引领世界教育发展潮流的教育。我们坚信，中国正在从一个教育大国稳步地、自信地向一个世界教育强国迈进。

第一章　全面落实立德树人根本任务

为谁培养人、培养什么人是事关党、国家前途命运的重大问题，也是发展中国特色世界先进水平的优质教育必须解决好的根本问题。古今中外，每个国家都是按照自己的政治要求来培养人的，世界一流教育都是在服务自己国家发展中成长起来的。习近平总书记在2018年全国教育大会上指出："我国是中国共产党领导的社会主义国家，这就决定了我们的教育必须把培养社会主义建设者和接班人作为根本任务，培养一代又一代拥护中国共产党领导和我国社会主义制度、立志为中国特色社会主义奋斗终身的有用人才。"这为我国教育现代化指明了方向。

第一节　教育现代化语境中"立德树人"的内涵

教育是有阶级性的，中国教育现代化之路必须始终坚持社会主义方向，教育现代化不坚持社会主义方向，颜色就会改变。发展中国特色世界先进水平的优质教育应立足国情、彰显民族性和党性、顺应时代发展潮流、借鉴先进经验，坚持探索以中国共产党的领导、立德树人为中心的现代化之路，形成中国特色世界先进水平的优质教育。

教育现代化的最终形态是人的现代化，人的现代化是建设社会主义现代化强国的基础。[①]在教育现代化语境中，“立德树人”中“德”的本质内涵是社会主义意识形态和社会主义方向，所树之人必须自觉坚持社会主义方向的自主和自由。中国特色的教育现代化将完善学校的教育权，更加彰显人民需要的教育形态。实现立德树人必须坚持社会主义方向，要求把具有中国特色的思想政治理念整合到教育教学每个环节中。思想政治工作内容所固有的马克思主义性质，决定了我国教育要开展马克思主义理论教育与社会主义道德法治教育。学校要贯彻“学术无禁区，教学有纪律”的原则，在教育教学过程中确保社会主义意识形态的一元性，确保价值引导的中国特色和社会主义性质。增加意识形态在教育决策中的权重，特别要在课堂教学中加强纪律要求，始终牢记“培养什么人及为谁培养人”的问题。

习近平总书记强调“用中国梦打牢广大青少年的共同思想基础”[②]“坚持不懈培育和弘扬社会主义核心价值观”[③]“从小就让社会主义核心价值观的种子在心中生根发芽”[④]“青年是引风气之先的社会力量，一个民族的文明素养在很大程度上体现在青年一代的道德水准和精神风貌上”[⑤]等理念观点。联系党的十九大报告“坚持社会主义核心价值体系”“更好构筑中国精神、中国价值、中国力量，为人民提供精神指引”，足以说明，中国共产党意识形态铸魂立德的“三位一体”本质内涵是发展中国特色世界先进水平的优质教育的实践逻辑，也是当代中国的“德之本质”，即以中国梦为核心构筑信仰信念，以社会主义核心价

① 何星亮．为什么要加快“人”的现代化建设［J］．人民论坛，2019（7）：9.

②⑤ 习近平．在同各界优秀青年代表座谈时的讲话［N］．人民日报，2013-05-05.

③ 习近平．在北京大学师生座谈会上的讲话［N］．人民日报，2018-05-03.

④ 习近平在北京市八一学校考察时的讲话，参见2016年9月10日《人民日报》。

值观为核心铸塑价值共识，以中国特色为核心培育广大青年学生的精神家园。中国教育现代化进程中所立之“德”，是集中国梦信仰信念、社会主义核心价值观基本共识、民族精神情感原则等核心德性元素于一体的“大德”。

马克思说，人的本质是一切社会关系的总和。每一个个体又都是整体的人，每个人的思想观念和认知结构都深深地刻画着他所处时代的一切社会关系，凝结整个社会的观念精华和道德原则。所谓立德，实质是个体在社会生活中感知到的社会意识与个体的自我意识彼此建构的过程。习近平总书记强调“明大德、守公德、严私德”，为我们敞开了在完整意义上的立德本质内涵的思维空间。人的德性意识是当代社会整体的观念系统，教育语境中，不能在立德过程中偏个体而失整体、重本体而轻关系，而应当把立德视为系统工程，聚焦人的“时代之德性”来开展教育工作。

立德是每个意识形态铸魂的本质追求，差别仅在于“德之所指”。在中国共产党的科学世界观指导下开展的立德，就其本质而言，是一种高超的铸魂工程，旨在实现社会治理与个人发展辩证统一，力图促进每个人全面发展。

“树人”不是口号，不是无内容的深度，不是无情感的温度，而是真材实料，是真正有灵魂的，具体体现为有文化、有知识、有学问、有教养。中国共产党历来主张培养又红又专的社会主义建设者和接班人，强调有灵魂的“红”与有本领的“专”的统合。黑格尔在谈到“时代的文化教养”时曾经指出，在教养的开端，即当人们刚开始争取摆脱实质生活的直接性的时候，永远必须这样入手，获得关于普遍原理和观点的知识，争取第一步达到对事情的一般的思想。

人在社会关系中生存，不是随心所欲地行动，而是在直接碰到的现实条件下展开自己。因此，人要学习吸收直接碰到的、既定的、从过去承继下来的各种思想文化、理论观点、科学知识、先进技术以及丰富经验，在获得关于普遍原理和观点的知识并且争取第一步达到对事情的一般的思想的过程中不断丰富化、社会化和现实化。习近平总书记说："中华民族伟大复兴，绝不是轻轻松松、敲锣打鼓就能实现的，我们必须准备付出更为艰巨、更为艰苦的努力。广大青年要成为实现中华民族伟大复兴的生力军，肩负起国家和民族的希望。"① 实现中华民族伟大复兴，需要一批批又红又专、德才兼备的中国特色社会主义建设者和接班人。对此，习近平总书记对青少年学生明确提出"要求真，求真学问，练真本领"②。教育既是灵魂工程，更是文化工程，培育有灵魂的时代新人，必须加强青少年学生的知识文化教育，引导青少年学生"求真学问，练真本领"，做到"有知识""有教养""有能力"。

①② 习近平. 在北京大学师生座谈会上的讲话［N］. 人民日报，2018-05-03.

第二节　中国特色理想信念教育的意蕴与实现

理想信念作为人的一种精神要素，支配着人的价值观念，引导着人的行为选择，是人的世界观、人生观、价值观的生发基点。理想信念是理想和信念有机统一的整体，坚持理想就必须有信念，只有坚定信念，才能够坚持理想，二者相互依存，有着自身独特而深刻的内涵。有时候，人们将理想和信念等同起来，以为理想就是信念，信念就是理想，实际上，二者侧重不同。信念的产生往往与价值认同有关，是指人们在一定认识基础上，确立的对某种思想和理想坚信不疑并身体力行的精神状态；理想，指人们对暂时不存在的美好的向往和期许，是价值追求的表现，更多地指向未来。人们认同某种思想并坚定不移地付诸实践，就意味对此产生了信念。只有理想没有信念，理想无以为凭。学生需要坚定我国主流意识形态倡导的理想信念，要把这种理想信念作为人生的信条，更要将其转化为建设祖国的行动。

理想信念教育是我国教育的传统。无论是“三育”还是“五育”，德育总是放在首位。理想信念教育作为德育的核心内容，有着特定的含义，主要是指共产主义理想信念教育，同时，又会根据时代的发展要求，增添与时俱进的新内容，如毛泽东思想、邓小平理论、科学发展观、“三个代表”重要思想等，共同构成某一时期理想信念教育的内容体系。邓小平曾讲：“在军队里要讲信念，在人民中间，在青年中间，也要讲信念。首先要向青年进行有理想、有纪律的教育。”[①] 十八大以

① 邓小平．用坚定的信念把人民团结起来［M］//邓小平文选：第3卷．北京：人民出版社，1993：190-191.

来，习近平总书记继承和弘扬党注重理想信念教育的优良传统，多次强调理想信念的重要性，指出“理想指引人生方向，信念决定事业成败。没有理想信念，就会导致精神上‘缺钙’”①。中国特色的优质教育，要始终把理想信念教育作为灵魂，将理想信念教育放在我国教育工作的核心位置。

恩格斯说：“推动人去从事活动的一切，都要通过人的头脑……。外部世界对人的影响表现在人的头脑中……成为‘理想的意图’，并且以这种形态变成‘理想的力量’。”②那么，学生应该具有什么样的理想信念呢？就当代而言，学生应有的共同理想信念是中国梦。中国梦是全国各族人民的共同理想，是学生应该牢固树立的远大理想，也是学生应该牢固确立的人生信念。学生树立理想信念，主要有三个方面的内容。

第一，坚信中国梦是中华民族实现国家富强、民族振兴、人民幸福的梦。“长江后浪推前浪”是历史的规律，学生是推动历史发展的有生力量，要以中国梦来引导学生形成正确的认识和选择自己的未来道路，肩负起时代赋予的使命。当前，我们比历史上任何时候都更接近于中华民族伟大复兴中国梦的实现，学生志在必得，教育责无旁贷。

第二，要坚定地走在符合我国国情的正确道路上。中国特色是人类先进的代名词，是我党将马克思主义同我国的具体实际相结合，经过历史的艰辛探索和实践得出的宝贵真理。学生要认识到坚持中国特色的必要性和必然性，不断增强道路自信、理论自信、制度自信和文化自信。当前，社会上存在着恶意放大社会问题的现象，学生应该以实事求是的

① 习近平．在同各界优秀青年代表座谈时的讲话［N］．人民日报，2013-05-05.

② 恩格斯．路德维希·费尔巴哈和德国古典哲学的总结［M］//马克思，恩格斯．马克思恩格斯选集：第4卷．北京：人民出版社，2012：238.

态度，科学理性地认识和看待社会问题，坚决拥护、支持党的领导。

第三，契合人类历史的发展规律，有针对性地展开实际生存活动。坚定的理想信念不会自发产生，需要不断地学习各类知识、认真观察和思考人类历史和现状，通过知、情、意、信、行的内在矛盾转化运动，将理论转化为面向未来的崇高理想信念。要引导学生认真研读马克思主义经典著作，领会马克思主义的精髓，了解马克思主义理论的渊源，坚定理论自信。实现世界先进水平的优质教育，必须让学生认识到，马克思主义理论之所以在当代中国有如此强大的生命力，就在于它能够满足我党建设中国特色制度的需要。用中国国际地位的事实说话，更能体现马克思主义理论的先进性。同时，要教育学生积极主动地同非主流的社会思潮做斗争，帮助他们认识、理解、同化非主流社会思潮，剖析、揭露非主流社会思潮的实质，使学生在与错误思想的斗争中坚定正确的理想信念。

作为教育工作者要明白，引导学生树立伟大理想信念必须建立在对正确理论的理性认同上，建立在对历史规律的正确把握上，建立在对基本国情的准确认识上。

第三节 爱国主义情怀的培育与践行

因为生存的需要，人类结为群体社会，借助群体的力量获取生活资源和获得保护，国家是这种群体社会的典型形式。爱国主义，所表达的是个人对国家的一种积极、正向和支持的情感，集中体现为民族自尊心、自信心和奉献意识，始终愿意为保卫国家和争取国家的独立、富强兴盛而献身的情怀。这种情怀全面地体现在整个上层建筑之中，渗透到社会生活各个方面，成为影响民族和国家命运的重要因素。爱国主义是中华民族的光荣传统，是推动中国社会主义伟大事业前进的巨大力量，是共产党领导下的各族人民共同的精神风貌。

教育现代化进程中，爱国主义教育的时效性不可忽视。爱国主义教育的意识、理念、教学技术以及相关教学资源必须及时跟进。当前，各级各类教育对学生精神意识和内心需求关注度不高，对爱国主义的内容把握比较呆板，教育内容和授课教师的自身素质及专业水平没有得到充分发挥，导致广大青年学生的爱国主义教育费力低效，显得机械教条、死板僵化。

作为世界先进水平的优质教育必然要彰显中国特色，面对新时代、新局势、新话语，需要将当下国内外局势、现象以及学生所关注的热门话题随同流行话语一并融入爱国主义教育内容，绝不可将爱国主义认知与时代脱节。有效的教育，必须让学生真正感受到新时代爱国主义精神的实质和内涵，进而上升并形成学生的爱国情怀。

目前，学生对爱国主义教育的接受度较低，效果甚微，甚至出现相反的效果。[①] 学校的爱国主义教育与思想政治教育等同起来，学生对此类教学重视度低，心理参与度低下，接受效果差；在形式上，以讲座或课堂教学为主，对学生教育效果的检测大都以试卷或成绩评定为主，爱国主义教育流于形式；爱国主义的弘扬变为刻板的理论知识记忆，内容不鲜活，互动性不强，难以打动学生的心灵；学生对教学内容中的爱国主义精神、爱国动机、爱国行为没有透彻领悟；部分从事爱国主义教育的教师认为爱国主义课程不是考试科目，只是政治任务，故而对原有教学内容的无聊与晦涩置若罔闻，不做全面的教学设计。最终导致爱国主义教育的内容难以被学生深入理解，学生也无法将理论与实践结合起来，无法在日常生活中体会到爱国主义的存在。爱国主义作为现代教育的底色，需要和学生日常生活深度融合，需要真正将爱国情怀升华到自我认知的深刻体会之中去。

随着互联网的发展，传播科技手段多样化，新媒介的形式从原有的广播、电视、书籍发展到现在的微博、微信等各类自媒体形式，毫不夸张地说，新媒介技术已经全面掌控了人们日常生活的方方面面。传播内容、传播方式的变革影响着学生的价值观念、意识感知，潜移默化地作用于学生的生活方式和行为方式。当代的学生在国际化氛围中出生、成长，主动彰显自我的价值和意义，追求自由与民主，对西方文化有着好奇心，而对中国传统的爱国主义教育熟视无睹，以为只是在战争时期，在民族危难之际，才需要爱国情感。学生的认知还不成熟、不稳定，是非观念还没有完全树立，急需教育，尤其是学校教育。我们要用具有中国特色的社会主义核心价值观引导学生，帮助他们树立正确的国家观、

---

① 郑小东，文媛媛. 高校思政课爱国主义教育实效性探究［J］. 学校党建与思想教育，2018（20）：90-91.

民族观和世界观。

自媒体遍及学习、生活的各个方面，无可否认，网络在弘扬社会真、善、美方面有很大的正面作用。教育要充分利用网络弘扬正气，抨击丑恶。但是，必须警惕的是，当前我国网络传播平台中出现了过分宣扬西方文化、夸大中国政治社会生活中的不足等丑恶现象，这对开展爱国主义教育产生的影响不容小觑。国家间政治、经济、文化的差距是客观存在的，通过微博、微信等各种形式传播也是历史的必然，不可回避。我们经常可以看到来自国外的短小视频，这些视频通过非正式的、休闲娱乐的方式，有意无意地引起学生情感上的共鸣，得以大量转发。其中，很多带有西方意识形态的碎片内容，容易使学生对外国文化产生理想化的见解。

客观地说，真、善、美现象与假、恶、丑现象在国内外都不同程度地存在，但是，由于人们更加倾向于分享正面的、积极向上的内容，再加上国内学生对异域文化的好奇，以及网络文化的隔阂与垄断，所以发生在国外的正面的内容更容易被传播，而国外负面的内容却被网友自动过滤掉。部分媒体人员的爱国意识不强，传媒具有隐性的导向性和主观性，这无疑增加了学生甄别和判断的难度，让学生难以公正、客观、理性地看待国内外的客观事实。

我们在对学生进行爱国主义教育的过程中，应该借鉴“以奇胜，以正合”的思路，不仅要坚持正确的价值导向，更要积极运用新媒体的手段进行创新，摆脱传统“说教—考核”模式的桎梏。

第四节　精准理解“奋斗精神”的时代内涵

我们党以什么样的精神状态、精神姿态、精神风貌和精神面貌，团结带领全国各族人民建设中国特色社会主义，这是新时代提出的重大课题。对此，习近平总书记在党的十九大报告的开篇做出总体性的回答，提出全党同志一定要以永不懈怠的精神状态和一往无前的奋斗姿态，继续朝着实现中华民族伟大复兴的宏伟目标奋勇前进。在结尾部分做出呼应，提出全党一定要保持艰苦奋斗、戒骄戒躁的作风，以时不我待、只争朝夕的精神，奋力走好新时代的长征。这是从实现奋斗目标的角度，阐明提出奋斗精神的重要性和紧迫性。一往无前的奋斗姿态、艰苦奋斗的精神，即是从严治党的要求，也是党对新时代学生的期待和要求。

艰苦奋斗精神是中华民族的传统美德，是中国共产党的优良作风。当下，学生生活在和平年代，生活在物质相对丰富的时代，对艰苦的理解和体验停留在祖辈的话语描述或影视作品中，部分学生节俭意识淡薄，艰苦奋斗精神缺失。在生活世界，老一辈人自己吃苦耐劳，但对于孩子，舍不得“委屈”他们。各类文件依然大力提倡奋斗精神，却模糊化“艰苦”的存在。中国传统文化中的“吃得苦中苦，方为人上人”在当下仍具有普世教育意义，没有人否定“吃苦”“艰苦”在人成长发展中的价值。新时代，在教育话语和教育实践中该如何对待这个问题，需要在教育现代化2035进程中从理论上予以阐明。

习近平总书记在2018年春节团拜会上指出，奋斗本身就是一种幸福，只有奋斗的人生才称得上幸福的人生。奋斗者是精神最为富足的人，也是最懂得幸福、最享受幸福的人。总书记不仅把奋斗与人生紧密联系起来，而且把奋斗提升到人生意义和人生观的高度进行了理论阐述。任何奋斗目标都不会轻轻松松实现，前进道路从来不是一帆风顺的。我们前面的路还很长，不会那样平坦，我们必须准备进行具有许多新的历史特点的伟大斗争。新时代奋斗精神的具体内容主要包括：接力奋斗、共同奋斗、顽强奋斗、艰苦奋斗。这“四个奋斗”构成新时代奋斗精神的整体内容，可以作为全党和国家对全体青年学生的要求。

接力奋斗是习近平总书记对持续奋斗的形象表述，是指奋斗目标不变，奋斗进程持续不断。教育的第一职能就是传承文明，一代又一代人把中华优良的文化基因保留下来，传播出去，使得中华文明得以薪火相传。教育现代化2035要求全体教育工作者围绕“中国特色世界先进水平的优质教育”这个共同的奋斗目标，从历史的视野认识和看待奋斗，善于从历史的高度、历史的进程、历史的阶段性去观察和认识奋斗的教育意义，把握个体和社会发展的历史规律。这是传到我们这一代人手中的“接力棒”，全体教育工作者有责任跑好这一棒。

教育作为党和国家的大事，与每一个人息息相关，这就需要我们党领导全体教育工作者和全体学生，为教育事业努力奋斗。共同奋斗体现的是对历史唯物主义深刻的认识和始终如一的坚持，体现的是对马克思主义“以人民为中心”思想始终如一的运用，体现的是党对教育规律和教育科学方法的尊重。共同奋斗的本质反映了党和全国人民的共同理想、共同意志和共同心愿，揭示了建设中国特色世界先进水平的优质教育必需的基本实践形态。共同奋斗的哲学基础是历史唯物主义，其内涵具体包括三个方面的内容：

第一，全体师生共同奋斗，每一个教师、每一个学生都要奋斗。只有每一个教师和每一个学生都为优质教育而奋斗，才能汇聚教育智慧，真正实现中国特色世界先进水平的优质教育的中国梦。

第二，必须在党的领导下，团结、包容、整合一切有利于我国教育发展的因素。我们党的宏伟奋斗目标，离开了人民的支持就绝对无法实现，离开了先进技术和文化也无法实现。我们的教育一定要始终和人类先进的、符合历史发展潮流的事物紧密结合。

第三，充分利用海内外一切可以利用的教育资源。海内外中华儿女紧密团结起来，出力出智，团结一心奋斗，汇聚起实现梦想的强大力量，从我做起，从教育做起。

顽强奋斗是指克服困难、不畏艰难、直面问题、解决问题的精神。顽强奋斗反映的是坚定的信念、必胜的信心、无畏的英雄气概和坚韧不拔的钉钉子精神。学习过程是艰苦的，旷日持久地熬夜、早起，在课堂上要忍受着认知的高强度压力，一笔一画、一字一句、一行一页，每一个学生都必须经历。教师是一个很特殊的职业，表面上跟普通工作一样，实质上是一种付出与收获的交易行为。身为教师要承受来自各个方面的压力，家长对孩子好成绩的期望，给每位教师心灵上增加了巨大的压力。其实，每位教师都跟各位家长一样希望孩子健康成长，甚至比家长更迫切。但是，人才的培养谈何容易，很多教师比学生到校早，比学生走得晚。这要求教师以顽强的精神，日复一日、长年累月地为教育事业无私奉献。

艰苦奋斗是中国共产党的优良传统和作风，习近平总书记在许多重大场合反复强调保持艰苦奋斗的精神，全体师生要做新时代的奋斗者。艰苦奋斗精神是中华民族的精神，是每一个中国人都必须继承和拥有的精神。青年学生是祖国的未来、民族的希望。青年一代的理想信念、精神状态、综合素质，是一个国家发展活力的重要体现，也是一个国家核心竞争力的重要因素。青年学生是中华民族的新鲜血液，他们作为中华民族的一员，担负着民族传承发展的重任，应该继承和弘扬中华民族的奋斗精神。

第五节　优质教育集中体现为人的全面发展

人的全面发展历来都是我国教育追求的根本价值，这一点有其坚实的理论依据和深刻的社会现实原因。在2018年全国教育大会上，习近平总书记强调，要在党的坚强领导下，全面贯彻党的教育方针，坚持马克思主义指导地位，坚持中国特色社会主义教育发展道路，坚持社会主义办学方向，立足基本国情，遵循教育规律，坚持改革创新，以凝聚人心、完善人格、开发人力、培育人才、造福人民为工作目标，培养德智体美劳全面发展的社会主义建设者和接班人。马克思主义认为，个人是社会关系的体现者和承担者，个人的发展是社会发展的最终目的。对教育而言，以是否促进人的全面发展来检测“世界先进水平的优质教育”具有历史的和理论的意义。

只有真正解放了人，促进了人自身的发展，社会文明和社会发展才会具有意义。因此，作为社会发展终极目标的人的全面发展，是我国教育现代化2035的至善追求，也是现代人发展的最高价值追求和实现形式，这是评判我国教育是否达到世界先进水平的价值标准和最终尺度。

人的全面发展，是马克思学说所揭示的人类社会演进的科学逻辑和历史必然。人之所以为人，不同于其他动物，是因为人是自由思想且会劳动的个体。生产力的发展需要满足人的教育的需求，而教育也应当能够促进生产力的发展，这是教育现代化的出发点和落脚点。所以，检验教育现代化2035是否达标，最终落脚于是否有利于绝大多数人在整个社会关系中提高劳动的相对价值，是否有利于促进人的全面发展。

教育要推动社会进步，从根本上必须通过提升生产力来实现，而生产力水平又受人的发展状况制约。因此，教育对社会发展的作用，最终是要通过发展人来实现的。从这个意义上说，教育现代化在人的全面发展这一终极目标上的追求，与教育的本体功能和价值以及与历次教育改革的实然性追求具有逻辑上的一致性。教育现代化2035要求我们必须重新审视当下和未来社会的发展需要，对社会生活的巨大变化有清晰的认识。当下，教育的社会化、国际化、特色化进一步提高，由此产生了新的学习文化、新的教育理念和新的教学技术。以创新为核心的素质教育正受到世界各国的普遍重视，这既为人的全面发展赋予了新的时代特征，也对人的全面发展提出了新的要求。新时代要求学生具有更高的道德品质、更多的知识和更强的能力，拥有鲜明的个性、丰富的情感和独特的创造力，有效参与社会变革，成为全面和谐发展的一代新人。

人的全面发展，在不同的历史时期有不同的内涵与表现形式，涉及个人和社会、全面和片面、共性和个性等多方面内容，以它为基础的教育目标也要与时俱进，我们不仅要看到这些矛盾的长期性、普遍性，还要具体分析这些矛盾在一定历史条件下的特殊性，深入把握社会发展和个人发展的历史性过程和现代性要求，深入探索教育本身及其矛盾关系，从而更好、更充分地发挥教育在处理这些矛盾时的重要作用。[①] 我们不能简单地认为，人的全面发展就是单一个体在各个方面都最好。随着我国经济水平的提高，相比过去相对单向地追求物质生活而言，新时代人们对美好生活的向往更加多元和丰富，更希望在精神生活方面获得更大的自由。教育现代化2035在丰富和发展人民群众的精神生活、促进人的自由而全面发展上，具有重要的理论价值和实践意义。

---

① 袁国，贾丽彬. 人的全面发展：教育改革的基本价值标准［J］. 教育理论与实践，2018（20）：7–9.

坚持人的全面发展，必须摒弃将人抽象化的做法，要从社会的现代化实践中考察和探讨人的问题。人的全面发展是多方面和多层次的，具体包括人的身心的全面发展、人的活动能力的全面发展、人的社会关系的全面发展等。但无论是哪一方面或哪一领域的发展，人们总是在追求着幸福生活。幸福是一种人在对象性活动中产生的主观体验，主要表现为身心的愉悦和享受，是人的积极情感的反映，也是人的全面发展的重要维度。①体验幸福需要在德智体美劳五个方面并举，不可偏废。德育、智育、体育是我国早期全面发展教育的主要内容。1999年，在第三次全国教育工作会议上，美育开始正式成为全面发展教育的组成部分。2018年，习近平总书记在全国教育大会上，结合时代背景和需求明确提出劳动教育，他说："要在学生中弘扬劳动精神，教育引导学生崇尚劳动、尊重劳动，懂得劳动最光荣、劳动最崇高、劳动最伟大、劳动最美丽的道理，长大后能够辛勤劳动、诚实劳动、创造性劳动。"至此，"五育并举"的理念真正确立，"五育"的内容也有了更加丰富的阐释。

《中国教育现代化2035》提出，大力发展素质教育，促进德育、智育、体育、美育和劳动教育有机结合，全面提升学生意志品质、思维能力、创新精神等综合素质，提高身心健康发展水平，培育担当民族复兴大任的时代新人。当前由于我国教育资源相对匮乏，难以全面满足人们获取优质教育的要求，选拔应试在相当长的一个历史时期存在，"全面发展"一度只是一句口号，大量的教育资源投入到智育当中。《中国教育现代化2035》所提出的把我国教育发展成具有中国特色世界先进水平的优质教育，将会极大地满足人民群众对优质教育的需求，我们相

① 欧阳康，熊治东. 马克思人的全面发展学说的情感意蕴及其当代意义［J］. 世界哲学，2018（4）：5-13.

信，到那个时候，“人的全面发展”将不再是一句空话，而是具有实在意义的教育信条。

全球范围内科技革命风起云涌，科技创新触动社会各个行业不断变革，教育现代化2035是对这一触动的回应。教育与经济之间有着必然的联系，优质教育必须以雄厚的经济基础为前提和保障。只有在物质极大丰富的前提下，学校生活才能深切关注到所有学生的个性需求，教育才会是全人的教育，才会是为了家国天下、为了人类充分发展的教育。从教育现代化的目标追求来说，优质教育是真正地在为学生奠基幸福人生、为一个好的社会培养高素质公民、为实现伟大的民族复兴做足准备的教育，它满足了人们对美好人生和美好社会的期望。教育能够让每一个学生的生命活力得到充分绽放，教育过程中充满了家国情怀，闪耀着充满人性的光辉。

第二章　推动德智体美劳全面发展

全面推动德智体美劳均衡发展，不仅是为实现人的全面发展而奠基，更是为培育引领新时代的高素质劳动者做准备。面向教育现代化2035，更要树立全面发展教育观，强化体育、美育和劳育工作，促进实践动手能力、合作能力、创新能力在当代学生身上的内化与外显，大力弘扬脚踏实地、勤劳勇敢的中国社会主义特色劳动精神，培养中国特色社会主义接班人。

第一节　树立“健康第一”教育理念

一直以来，“健康第一”既是学校教育的指导思想，也是学校体育工作开展过程中的基本原则。学校体育肩负锻炼学生身体、增强个人体质、促进智力发展和培养健全人格的重任，对青少年的全面发展具有积极作用。落实“健康第一”的教育理念要充分认识到学校体育在全面发展中起到的促进作用，并进一步完善学校体育的测评机制。

一、“健康第一”是学校教育的指导思想，也是学校体育工作开展过程中的基本原则

一直以来，党和国家都十分关注青少年的身体健康，注重“健康第

一”在学校教育中的重要地位。早在1950年和1951年，毛泽东就两次做出“健康第一”的指示，后继又提出要使青年身体好、学习好、工作好的“三好”思想。1999年，《中共中央国务院关于深化教育改革全面推进素质教育的决定》提出“健康体魄是青少年为祖国和人民服务的基本前提，是中华民族旺盛生命力的体现”，“学校教育要树立健康第一的指导思想”。此后，党和国家对这一思想不断重申和拓展。2007年，《中共中央国务院关于加强青少年体育增强青少年体质的意见》提出要加强青少年体育工作，“认真落实健康第一的指导思想，把增强学生体质作为学校教育的目标之一”，“广泛开展‘全国亿万学生阳光体育运动’”。2018年，习近平总书记在全国教育大会上再次明确提出“要树立健康第一的教育理念，开齐开足体育课，帮助学生在体育锻炼中享受乐趣、增强体质、健全人格、锤炼意志”。

“健康第一”思想是学校体育开展的出发点和归宿。我国的学校体育先后出现过军国民体育思想、苏式体育思想、技能学习思想、快乐体育思想、终身体育思想等理念，这些指导思想的确立与社会、教育等的发展与变化分不开，既具有一定的时代局限性，也是一个不断前进、不断完善的过程。《中共中央国务院关于深化教育改革全面推进素质教育的决定》明确了“健康第一”是学校教育的指导思想，教育部颁发的《义务教育体育与健康课程标准（2011年版）》和《普通高中体育与健康课程标准（实验）》则表明学校体育要贯彻“健康第一”的指导思想。值得注意的是，现代学校体育思想体系并非一元制，而是以“健康第一”为核心，以多种思想为辅来构建的，比如终身体育思想、快乐体育思想、以生为本体育思想等等。中国学校体育的根本目标是为社会主义建设培养德智体美劳全面发展的接班人。增强身体素质是衡量我国学校体育最基本、最直接的教育目标，其本质是通过身心的健康发展来促进学生的全面发展。21世纪社会主义现代化建设需要培养有文化、有理想、有道德的全面发展的社会主义事业建设者与接班人，而“健康第一”指导思想的根本要素就是身体、心理、社会和谐统一的健康观。①1948年，世界卫生组织（WHO）把健康定义为“不仅是躯体没有疾病，还要具备心理健康、社会适应良好和有道德”，与传统的“无病即健康”的观点不同。现代健康观是“整体健康”，包括躯体健康、心理健康、社会健康和道德健康。多维度健康观的形成与社会在发展过程中越来越注重人的发展、关注人与社会协调发展分不开。显然，无论是促进青少年的身心健康，还是关注青少年的全面发展，“健康第一”思想都与学校体育相互贯通、相互契合。

二、学校体育工作的重点在于培养学生的健康意识与终身体育思想

随着社会从知识本位逐渐发展为以人为本，现时的教育任务也变为面向未来培养人才，而体育的价值取向尤其受社会需要的影响。当今，面向未来教育的人才培养，学校体育的价值取决于所培养人才的素质优劣。②

中国教育学会于2016年公布了《中国学生发展核心素养》，指出学生发展核心素养是指学生应具备的、能够适应终身发展和社会发展需要

① 张宁. 浅谈“健康第一”与学校体育的关系［J］. 科技视界，2014（25）：225-226.

② 唐静萍. 试论高校体育与未来人才培养的关系［J］. 体育与科学，1997（2）：54-56.

的品格和关键能力。[①]体育与健康学科的核心素养则可被定位为通过体育学科学习，学生所能掌握与形成的终身体育锻炼所需的、全面发展必备的体育情感与品格、运动能力与习惯以及健康知识与行为，[②]也就是体育精神、运动实践和健康促进三个方面。这些核心素养的要求都指向塑造全面发展的人，提高人的素质和能力，强调体育在作为增强体质的手段的同时，还需注重其丰富人的生活内容、促进人的全面发展的作用。[③]体育可以培养人类的一切优秀品质。动作技能与知识，以及在校期间通过体育锻炼拥有的健康体魄和充沛精力，是学校体育的近期效益。当今，面向未来人才的培养，学校体育的真正价值取决于学生走入社会后实现自我价值过程中的终身效益与社会效益，其中，终身体育思想和健康意识是能够真正持续影响未来人才全面发展的重要价值要素。

首先，终身体育思想的培养包括激发学生兴趣、养成锻炼习惯以及展现体育精神等。学校体育中包含的学科课程与课外活动能够直接通过教授学生体会身体技能的方式来引导学生感受体育的魅力和养成锻炼习惯，尤其是体育与健康课程上的对抗、合作与竞争练习。与理性辩论主导的合作方式不同，学校体育中的合作更强调力度的把控。比如武术课程中，学生在互换攻守方的过程中，既要全力出击，又要时刻谨防用力过度出现的意外。这种释放与克制，一方面迫使学生完全地展露自我，另一方面让学生学会宽容和提防对方的“来犯”，在一来一回间，学生

① 于泽元，王丹艺. 核心素养对课程意味着什么［J］. 现代远程教育研究，2017（5）：21–28.

② 于素梅. 学生体育学科核心素养及其培育［J］. 中国学校体育，2016（7）：29–33.

③ 唐静萍. 试论高校体育与未来人才培养的关系［J］. 体育与科学，1997（2）：54–56.

不仅亲身体验合作与竞争，而且自主建立起合作与竞争的规则。

其次，学校体育对健康意识的培养作用来源于体育活动中自我对本身极限的感受。要想达成健康状态，首先要给自己的现状进行“诊断”。现代人的健康除了身心的健康外，还包括社会健康与道德健康，这是生理性的健康知识所不能直接作用的区域，它涉及自我的认知与把控。学校体育在肢体运动过程中无时无刻不在给学生发射自我掌控感的信号，在不断进行体育练习的过程中，这种掌控感可以由弱变强。体育运动是以肉体为依托来表现生命意志冲动的感性物质活动，对躯体的把控可以上升到精神层次，给予主体一定的安全感与自信心，帮助主体明确自我价值，进而完善自我、证明自我、超越自我。

学校体育是人的一生中实现终身体育的基础，只有从生理、心理和社会方面培养学生的体育意识、能力、兴趣和习惯，促进学生德智体美劳全面发展，才能充分发挥学校体育对人才的基本素质和自我发展能力的培养作用。

三、落实“健康第一”的教育理念需要进一步完善学校体育的测评机制

2015年，国家体育总局发布的《2014年全国学生体质与健康调研结果》显示，我国学生体质与健康状况总体有所改善，身高、体重、胸围等形态发育水平继续提高，营养状况持续改善，但也存在一些问题，如：大学生身体素质继续呈现下降趋势；视力不良检出率居高不下，继续呈现低龄化倾向；肥胖检出率持续上升。2018年发布的《中国义务教育质量监测报告》也指出逾六成八年级学生近视，大部分学生睡眠不足，四、八年级学生视力不良检出率分别为36.5%、65.3%。而且，部

分区域学生视力不良问题突出，视力不良检出率四年级超过60%，八年级超过80%。

“好身材，差体质”这一对矛盾的出现，根本原因在于学生自身的锻炼意识薄弱，锻炼强度不足，但其中与学校体育的测评机制不够完善也有很大关系。《中国教育现代化2035》提出要树立“健康第一”的教育理念，全面强化学校体育工作，强化对学生身体素质和运动技能的测评，帮助学生在体育锻炼中享受乐趣、增强体质、健全人格、锻炼意志。这表明强化学生体育素质测评与在学校体育工作中落实“健康第一”的指导思想的联系与重要性。

在学校体育工作的开展中，身体素质和运动技能是落实“健康第一”指导思想和检验体育与健康教学效果的最基本要求，也是学生综合素质评价的重要指标。当前，学校体育与健康课程评价在体育教学评价和学生学业评价方面较为成熟，但学业评价仍以教师为主体，对学生的学业评价多是以“优秀”“良好”“及格”等为主，看不出学生具体的身体素质情况与运动技能掌握程度。全面的体育评价有助于学校在关注学生对体育知识掌握情况的同时，培养学生的健康意识，为未来的终身体育做好准备。除此之外，在体育活动中，学生往往无法置身于理想情境里面，这种特有的、与现实社会生活类似的复杂教育环境驱使学生必须主动根据不同的情境灵活运用所学，在无形中引导学生自主解构面对的非良构问题并进而解决问题。这种分析解决问题能力的培养在青少年未来的人生发展中可以起到极为重要的帮助作用，但在当下的体育工作中，对这类能力的有效测评少之又少。

增强体质是学校体育最基本的教育目标，培育体育理念是面向未来人才全面发展的本质要求，运动技能测评依旧应当放在突出地位，正确的动作可以保护学生免遭不必要的躯体损伤，也能让学生更好地感受自己躯体的力量。未来人才的发展是个性化的，未来的学校体育也应根据学生的身体素质进行适当的差别练习，关注学生在体育运动中获得的合作能力与分析解决问题的能力，以更好地提高学生的身体素质和健康水平，促进人的全面发展。

第二节 完善美育工作

美育是整个教育中不可或缺的重要组成部分，以美育人、以文化人是美育的内在本质。当下，美育依然是教育过程中的薄弱一环，对美育在认识上的理解误区、“美育功利化”和“知识与技能至上”倾向、师资队伍的匮乏等，都是制约学校美育发展的重要问题。全面加强学校美育，必须将美育贯穿学校教育全过程全方面，营造审美文化，使青少年在“美”中学习，在“美”中成长。

一、以美育人、以文化人是美育的内在本质

美育，是指使学生掌握审美基础知识、形成一定的审美能力，培养正确的审美观点，美化其心灵、行为、语言、体态，提高道德与智慧水平的教育。① 学校美育是指根据学校教育目的，有计划地向学生实施审美教育的活动。其任务是传授美学知识，培养审美观念和感知美、鉴赏美、创造美的能力。②1999 年，《中共中央国务院关于深化教育改革全面推进素质教育的决定》颁布，第一次从素质教育的高度将美育同德育、智育、体育一起纳入教育方针。随后，第三次全国教育工作会议指出，要造就德育、智育、体育、美育等全面发展的社会主义事业建设者和接班人。没有美育的教育是不完整的教育。《国务院办公厅关于全面加强和改进学校美育工作的意见》（国办发〔2015〕71 号）开宗明义地提出：“美育是审美教育，也是情操教育和心灵教育，不仅能提升人的

① 顾明远. 教育大辞典［M］. 增订合编本（上）. 上海：上海教育出版社，1998：1075.
② 顾明远. 教育大辞典［M］. 增订合编本（下）. 上海：上海教育出版社，1998：1830.

审美素养，还能潜移默化地影响人的情感、趣味、气质、胸襟，激励人的精神，温润人的心灵。”

美育的目的是促进人的身心实现和谐、全面的发展，它包含审美教育和立美教育两个维度：审美教育把学生当作审美主体，培养学生的审美知识、审美能力和审美心理，使学生成为善于审美的人；立美教育把学生当作审美客体，对学生的形象、语言、行为和心灵产生影响，使学生成为美的人。[①] 美是对人们面对外物时所产生的“快与不快”感情的观照，[②] 它来源于人们对自然、对社会、对人类自身的活动、过程与成果等多方面的感受与审视。马克思在《1844年经济学哲学手稿》中提出“人也按照美的规律来构造”，既包括物质生产中美的规律，也包括人的生产中美的规律。[③] 而文化作为人类征服自然、社会以及人类自身的活动与成果等多方面内容的总和，不光具有育人的功能，同时也开启了人类对美的感知。美育既发生在文化的氛围中，也依托文化为主要审美对象展开。

文化是人类社会物质文明和精神文明的凝聚。它具有内外两层：内层包含思想、意识、观念等，其中价值观念和思维方式是思想意识中最重要的两个方面；外层则是表现文化的实物，包括各种器物造型、知识技能等。[④] 美育承担着培养全面发展的人才的重要任务，这就要求：首

---

① 周庆元，胡绪阳. 走向美育的完整［J］. 教育研究，2006（3）：39-49.

② 高志广. 论蔡元培的美育思想与中国传统文化精神［J］. 沈阳师范学院学报（社会科学版），1995（3）：86-90.

③ 曾繁仁. 关于美育与文化传承创新的思考［J］. 河南教育学院学报（哲学社会科学版），2013（1）：81-83.

④ 段鹏，刘云丽. 以美育人　以文化人——改革开放以来美术课程教材中传统文化的蕴含与体现［J］. 基础教育课程，2018（24）：20-25.

先，美育要从表现文化的层面着力。以美育人就是要提升学生的审美知识，培养学生审美的意识、能力与创造美的技能，引导学生体会“美”的存在，实现“审美”。其次，美育的最终目标是影响学生的行为与心灵，使学生成为“美”的人。中国优秀传统文化中所富含的人文精神与价值追求，对当代人类的理想、道德、思想的培养具有不可或缺的价值。以文化人就是要让学生关注文化内在的思想、情感与价值观，感悟中国优秀传统文化中的沉静之美、和谐之美、含蓄之美与情理之美，[①]树立崇高理想，自由、独立地追求人生之“美”，实现“立美”。由此，美育的本质就是以美育人、以文化人，不仅要实现“审美”，培养能够发现美、欣赏美、创造美的人，更要“立美”，对人的心灵进行整体培养，提升人的道德修养，培养出“美”的人。

二、美育仍是教育中的薄弱一环

自党的十八大以来，党中央和国家领导人就对美育予以高度重视。2015年印发的《国务院办公厅关于全面加强和改进学校美育工作的意见》指出，要构建科学的美育课程体系，大力改进美育教学，保障学校美育健康发展，并列出详细的改进措施。随后，教育部进一步发布系列配套文件。截至2018年4月，教育部与31个省份和新疆生产建设兵团关于学校美育改革发展备忘录的签署工作全部完成，开创性地构建了中央部门和地方政府协同推进学校美育改革发展的有效机制。[②]大部分省份义务教育阶段都能按照国家课程设置方案保证音乐、美术课程总量不低于总课时的9%。北京、上海、甘肃等地构建美育课程体系，在中小

① 杨岭. 论中国传统文化之美与青少年美育［J］. 青少年学刊，2015（6）：10-13.
② 柴葳. 扎实推进新时代美育工作［N］. 中国教育报，2018-04-23.

学增设舞蹈、戏剧、戏曲、影视等课程。多个省份增加美育教师招聘名额，河南省每年定向培养3 000名农村小学全科教师。可以看到，我国学校美育改革发展呈现出良好势头，取得了明显成效。尽管目前我国各地在加强和改进美育改革中做出了许多努力，但从整个教育事业发展来看，美育仍然是教育工作的薄弱环节，学校美育依旧面临着诸多困境与难题，美育仍然是素质教育中亟待补齐的短板。

首先，当前社会与不少学校对美育在认识上仍然存在误区。在理性认识上，一些中小学把美育与德育混淆在一起。育人是美育的核心功能，美育具有塑造学生心灵、促进道德发展的功能。但美育不是一般意义上的德育，而是从人的感性方面入手促进道德发展。① 美育最重要的目标之一是培育学生的审美素养和人文素养，本质是审美的发展，德育则专注于学生的道德发展。二者在功能与实施的方法上有所交叠，但若因此将美育等同于德育，或将德育作为美育发展的目标，把学生遵守纪律、到公共场所做好事、集体意识增强、同学之间相互帮助、尊敬师长等都说成是美育的成效，② 就犯了“美育德育化”这一倾向性错误。此外，在美育过程中，不少学校出现“以美术、音乐代替艺术教育，以艺术教育代替美育”③，不顾美育的实际效果，一味扩展影视、戏剧、戏曲等课程的情况，缺失综合美育课程体系与各学科协同的美育发展机制。艺术教育培养与发展的是人的艺术理论修养、艺术创作能力与艺术欣赏能力，美育比艺术教育的内容与范围要广泛许多，它还包括社会美、自

---

① 孙勇，范国睿. 我国学校美育工作的现状、问题与对策［J］. 教育科学研究，2018（10）：70−75.

② 杜卫. 当前学校美育实践中值得注意的若干问题［J］. 浙江社会科学，2004（2）：221−225.

③ 周庆元，胡绪阳. 走向美育的完整［J］. 教育研究，2006（3）：40.

然美的教育，艺术美仅是美育的媒介之一。[①] 把美育仅仅限制在艺术教育之中，不仅会忽视整体性的人的全面发展，也不利于更好地发挥艺术教育的作用。

其次，学校美育的主渠道是艺术课程，但当下一些学校的实践出现了“美育功利化”和“知识与技能至上”的偏差，重应试轻素养，重少数轻全体，重比赛轻普及，[②] 把美育课堂变成装门面的“名利场”，变成美学技能大讲堂。应当明确，学校美育是普通艺术教育，不是专业艺术教育，主要目标不是培养艺术专门人才，而是以促进每一个学生的审美发展为主要目的。[③] 艺术知识与技能教学是为了提升学生的审美力，促进学生的审美发展，艺术教育的技能训练是为审美发展服务的。为了追求名利效应，学校鼓励教师培养艺术特长生，教师、家长鼓励孩子参加艺术培训、考级，教师不厌其烦地排练节目、筹备公开课。艺术课堂势必会成为技能的训练场，只强调艺术知识与技能的传授与学习，以“技”斥“美”，终将导致艺术教育失去其应有的教育性。[④]

最后，师资队伍的匮乏一直是制约学校美育发展的重要问题。从全国总体来看，2015年，我国义务教育阶段美育教师总数占全部专任教师总数的比例达6.5%。根据《义务教育课程设置实验方案》，美育课程的课时量应占总课时的9%~11%，这意味着即使义务教育阶段美育课程按最低标准课时量开课，也存在由6.5%的教师承担9%的课程这样一种配置很不均衡的状况。同时，虽然多数省份美育师资总量达到基本需

---

① 孙荣春. 当前高校美育问题解析［J］. 黑龙江高教研究，2009（10）：155-157.

② 胡樱平. 改进学校美育的三个立足点［J］. 人民教育，2018（15/16）：104-106.

③ 冉祥华. 当前中小学美育实践亟待走出的几个误区［J］. 课程·教材·教法，2009（3）：66-70.

④ 范国睿. 充分发挥艺术教育的德育功能［J］. 中国德育，2017（19）：11-16.

求目标，但从绝对缺额数来看，部分省份缺口相对较大。从区域差距来看，义务教育美育师资的缺额总数主要集中在中部和西部地区，东部地区所占比例较小。广西、青海、甘肃、江西、河南和海南等省份乡村小学美育教师缺额率超过50%，即使按最基本的美育目标来衡量，美育课程的开课率也仅为30%。同时，美育师资的绝对缺额主要分布在乡村学校，按低课时中等工作强度的需求目标来说，12万余名美育师资的缺额只有约0.5%分布在城区学校，而乡村学校则占了83.4%。[①] 除此之外，对现存的美育教师的培训机制也不完善，如何评价美育教师的教学效果、如何提升美育教师的教学水平等，都是美育发展过程中无法避开的现实问题。

三、将美育贯穿学校教育全过程全方面

美育有其特殊性，要让学生学会发现美、欣赏美，才能让学生创造美，把美存于心。作为美育中最具系统、时间持续最久的部分，学校美育是美育实施的主渠道，也是传承中华优秀传统文化、促进青少年全面发展的重要载体，对建设文化强国与增强文化自信、推动社会全面进步与促进经济社会协调发展具有重要作用。

首先，全面提升学校美育需要充分挖掘全学段、全学科的美育因素，将美育融入学校教育。蔡元培曾说："凡是学校所有的课程，都没有与美育无关的。"[②] 美是无处不在的，数学中的集合、比例，化学中原子的排列、矿物的结晶，历史上文学家的轶事等，都具有独特的美感，

---

① 唐宏峰，尹倩文. 2016年中国艺术教育年度报告——中学篇［J］. 文艺评论，2017（3）：148-152.

② 蔡元培. 美育实施的方法［M］. 北京：商务印书馆，1925：4.

都是美育的资料。美育的范围不应限于年龄与学科。有些条件好但对美育及其功能认识不足的学校，面向全体学生的音乐和美术课程开设得很敷衍，到高中阶段已经停开；有些条件不好且美育观念落后的学校，音乐和美术课程开开停停，或针对中考、高考把重心放在培养艺术特长生上。① 这样的美育，离“以美育人”的目标和内容相去甚远，又谈何“以文化人”呢？要充分发挥美育的育人作用，最基本的是保证全学段的美育课程数量达标，开足开齐美育课。而在传统的艺术课程之外，也要将美育渗透到各个学科之中，实现学科课程的审美化改造，创设美育渗透课程、综合课程、环境课程。② 以多样化的审美教学情境建立多方位、多视角、多情境、多体验的学校美育，③ 使学生浸润在美育中，时时“审美”，真正从内心生出对美的热爱与追求，成为美的人。

其次，百年大计，教育为本；教育大计，教师为本。实施学校美育提升行动，最为关键的是要建设一支力量雄厚的师资队伍。美育师资力量薄弱一直是各级各类学校的普遍现象。2018年《中共中央国务院关于全面深化新时代教师队伍建设改革的意见》的出台，将全面深化新时代教师队伍建设改革提上日程。在这一契机下，更要全面加强美育师资队伍的建设，着力培养、补充美育教师，健全教师培养培训体系。目前全国美育师资仍存在较大缺口，区域发展不平衡且存在较大的城乡差距，不同学段之间也存在师资力量的差距，尤其是中小学美育中严重缺乏舞蹈、戏剧、戏曲和影视等领域的优秀专业教师，④ 满足教师队伍建

---

①② 赵伶俐．新时代美育的使命与实践方略［J］．人民教育，2019（6）：55-59．

③ 黄耿东．美育，向着更完整的教育——中学跨学科美育实践探索［J］．人民教育，2018（20）：70-73．

④ 孙勇，范国睿．我国学校美育工作的现状、问题与对策［J］．教育科学研究，2018（10）：70-75．

设需要是当下最紧迫的任务。除此之外，全面加强师德师风建设，深化教师管理综合改革，是全面持续加强美育师资队伍建设的重要举措。在学生认识美、欣赏美、创造美的过程中，教师是学生最重要的引路人。师德之美也是一种美，可以影响学生的心灵和行为。美育教师只有真正地热爱“美”，追求“美”，才能更好地帮助学生感悟美育的内在价值，成为“美”的人。

第三节　构建劳动育人新形态

劳动是人类生存和发展的第一需要，劳动精神是中国特色社会主义核心价值的集中体现，是一种高层次文化形态。劳动教育的本质是创造人本身，是培养学生正确的劳动价值观。弘扬劳动精神，全面开展劳动教育，离不开社会支持、学校实践和家庭配合。构建多样化、开放性的劳动教育实践体系，实施政策保障是加强劳动教育的重要推动力。

一、劳动精神是中国特色社会主义核心价值的集中体现

劳动精神，指劳动者在劳动中展现的精神状态、精神面貌和精神品质。在不同的历史时期和不同的社会背景下，人们对劳动的理解不同，劳动精神也有差异。在以马克思主义理论为指导，进行中国特色社会主义伟大实践的条件下，劳动者的劳动精神表现为“劳动光荣、劳动伟大”的劳动理念、“爱岗敬业、争创一流”的劳动态度、“淡泊名利、甘于奉献”的劳动品德和“艰苦奋斗、勇于创新”的劳动习惯。①

劳动精神是一种高层次的文化形态，它建立于中华民族勤劳勇敢的优良传统之上，展现于广大劳动者的奋勇拼搏、艰苦创业中。②劳动精神是社会主义核心价值观的要义，既包含对劳动价值的判断，也包括对劳动的态度，生动地诠释了社会主义核心价值观中蕴含的劳动内容。

首先，弘扬劳动精神是实现人的自由全面发展的重要途径。人的发

---

① 贺兰英．中国特色社会主义劳动精神的内涵［J］．南方论刊，2018（5）：45-46.

② 黄燕．新时代劳动精神的生成逻辑、核心内涵与弘扬路径［J］．思想理论教育，2019（1）：97-100.

展受制于生产力和生产关系，人想要实现自由全面发展，就必须尊重劳动，热爱劳动，依靠辛勤劳动，发展生产力，变革生产关系，改善社会生产和发展状况。对于“三观”尚未完全成熟的学生而言，培育劳动精神是为未来的全面发展打下坚实的基础。①

其次，劳动精神的发展是德智体美发展的重要前提。实践劳动是德育、智育、体育、美育表现外化的唯一手段，也是德智体美发展的基础。只有德育、智育、体育、美育、劳动教育相互融合，相互推动，才能形成完整健全的教育体系，为国家培养更多的高水平人才，推动国家和社会发展。②

最后，弘扬劳动精神是创新型国家建设的必然要求。③新中国从一穷二白到繁荣富强，这是在全国劳动者的努力下才获得的成就。新的发展需要新的劳动支持，只有通过劳动，才能不断地驱动创新，向前发展。

二、劳动教育的本质是创造人本身

劳动教育历来是中国共产党领导下的教育事业的重要一环。新中国成立后，《中共中央国务院关于教育工作的指示》明确强调将教育和生产劳动相结合，把生产劳动列为正式课程。改革开放后，党中央致力于探索脑力劳动与体力劳动相结合的劳动教育之路，明确提出应当贯彻德智体美全面发展的方针，适当进行劳动教育。2014年，习近平总书记在乌鲁木齐同劳动模范和先进工作者、先进人物座谈时强调“教育引导广大青少年牢固树立热爱劳动的思想、牢固养成热爱劳动的习惯，为祖

---

①②③ 张燕平，朱志明．新时代大学生劳动精神培育的价值内涵及实施路径探究［J］．教育评论，2019（3）：93-96.

国培养一代又一代勤于劳动、善于劳动的高素质劳动者”。2018年，在全国教育大会上，习近平总书记发表重要讲话，提出要坚持中国特色社会主义教育发展道路，培养德智体美劳全面发展的社会主义建设者和接班人。

虽然劳动教育包括使学生获得劳动技能、培养学生的良好劳动习惯等功能，但其最本质的价值在于培育人的个性、才能和世界观，促进人自由健康全面发展。劳动教育是培育学生尊重劳动的价值观，培育受教育者对于劳动的内在热情与劳动创造的积极性等劳动素养的教育活动。[①] 在我国，劳动教育经历了劳动技术教育—综合实践教育—劳动教育三个阶段的演变，随着时代的发展，内涵不断丰富，外延不断扩展。新时代劳动呈现出多样化的叠加形态，生产与技术、知识与价值、信息与文化、时间与空间等劳动要件的耦合比任何时代都更加复杂多样。[②] 这种多样性决定了新时代劳动教育的丰富性与多元性。劳动的发展与社会、人的发展是一致的。人类通过劳动实践创造了物质和精神财富，实现了现代社会的发展；劳动驱使远古时期的人类学习运用工具保证生存，实现了体力和智力的进化发展，并形成了人与人之间稳定的社会交往关系。可以说，人类德智体美的发展都建立在劳动的基础上，劳动是人类存在的根源和本质，劳动教育的本质目的也在于此。现代社会的发展推动劳动形态快速更迭，体力劳动、简单劳动已不再是现代劳动的主要形态，脑力劳动、复杂劳动逐渐成为主流。此外，服务型劳动、创新型劳动等劳动形态正受到越来越多的关注。现代社会发展和现代化国家的建设急需全面发展的高素质劳动者，这就要求新时代劳动教育不仅要

---

① 檀传宝. 劳动教育的本质在于培养劳动价值观［J］. 人民教育，2017（9）：45-48.
② 班建武. “新”劳动教育的内涵特征与实践路径［J］. 教育研究，2019（1）：21-26.

培养学生的劳动能力，使学生掌握必要的劳动知识与技能，更要以培育未来高素质劳动者为根本目标，引导学生崇尚劳动、尊重劳动，并辛勤劳动、诚实劳动，增强人自我存在、自我生成、自我创造的本质力量。

新时代劳动教育是“以劳树德、以劳增智、以劳健体、以劳育美、以劳创新”的中国特色社会主义劳动教育。劳动教育是国民教育体系建设的出发点和落脚点，也是德智体美劳全面培养的教育体系建设的出发点和落脚点，具有教育全属性机制。[①]“实践出真知”，劳动能够锻炼人的体魄、磨炼人的意志，其“实践”和“行动”两大特征不光指向知识和技术教育，更面向现实生活中蕴藏创造性活动的非良构情境，劳动中蕴含着创新的本质，劳动教育本质上具有增智、健体、育美、创新的属性。劳动教育关注学生的劳动价值观、劳动素养和劳动能力的获得，培养学生崇尚劳动、尊重劳动、辛勤劳动、诚实劳动的劳动态度和劳动观念，让学生学会在劳动中成长、在劳动中创造。当下社会还存在着不劳而获、贪污腐败、消极怠工、鄙视体力劳动者等缺乏劳动意识和劳动观念的乱象，劳动教育所蕴含的“勤劳”这一美德，不仅是中华民族的崇高美德，也是社会发展与凝聚过程中最重要的伦理原则。加强劳动教育，不仅是为了培育未来的高素质劳动者，弘扬中国新时代劳动精神，而且是对当下种种丑陋社会现象的正本清源。

三、劳动教育需要渗入全社会的方方面面

自新中国成立以来，教育与生产劳动相结合就一直是党和国家坚持的教育方针，劳动教育是全面贯彻党的教育方针的基本要求。改革开放

---

① 徐长发. 新时代劳动教育再发展的逻辑［J］. 教育研究，2018（11）：12-17.

四十多年来，一些地方在劳动教育方面积极探索，取得了一定成绩，但是，总体上劳动教育仍是整个教育事业的薄弱一环，存在诸多问题。在学校中，应试教育仍占上风，劳动教育受到轻视，一再被弱化，劳动甚至被异化成为教育的惩罚手段和“调节身心压力”的娱乐活动。在家庭中，随着独生子女群体的扩展，“衣来伸手，饭来张口”的“小皇帝”越来越多，中小学生劳动机会减少，劳动意识缺乏，出现了一些学生轻视劳动、不会劳动、不珍惜劳动成果的现象。在社会上，关于劳动、劳动教育或劳动文化，仿佛无人问津。全球化浪潮和多元文化的冲击使人们领略到了更为宽广的世界，也带来了投机主义、享乐主义、拜金主义等思潮，在年轻一代中滋生了好逸恶劳、追求不劳而获等不良人生倾向，劳动文化被严重边缘化，劳动的地位和作用也一再被贬低。马克思曾言：“未来教育对所有已满一定年龄的儿童来说，就是生产劳动同智育和体育相结合，它不仅是提高社会生产的一种方法，而且是造就全面发展的人的唯一方法。”① 但当下劳动教育在学校中被弱化，在家庭中被软化，在社会中被淡化，加强和改进劳动教育已是迫在眉睫。

首先，促进劳动教育的全面发展，必须弘扬劳动精神，构建学科教学和校园文化相融合、家庭与社会相衔接的整合性劳动育人机制。我国劳动教育的推进与实施主要源于国家领导人的重要讲话，具有明显的驱力外生性，这一特点导致我国的劳动教育即使有时候很努力，效果也并不理想。② 劳动教育是以促进学生形成劳动价值观和养成劳动素养为

① 马克思．资本论［M］．节选本．北京：人民出版社，1998：161.

② 李珂，曲霞．1949年以来劳动教育在党的教育方针中的历史演变与省思［J］．教育学报，2018（5）：63-72.

目的的教育活动。[①]要构建具有内在生命力的劳动教育，就必须以培育学生正确的劳动价值观为根本目的，把热爱劳动、积极劳动、诚实劳动的种子播撒在青少年的心中。这是单向灌输劳动观念和劳动知识所无法达到的，社会大众对劳动价值的真正理解才是劳动教育在当代重焕光芒的关键。目前在学校、家庭、社会中，对劳动、劳动教育的理解还存在一定的误区，轻视劳动、鄙视体力劳动者等不良思想潜伏在生活各个角落，若社会没有尊重劳动的分配机制与舆论氛围，学校的劳动教育必然孤掌难鸣，难有实质成效。若家庭不树立热爱劳动、诚实劳动的良好家风，学校的劳动教育就难以达到最好的效果。要全面促进劳动教育的发展，就必须消除认识上的误区，大力弘扬劳动精神，将劳动文化渗透进学校、家庭、社会各方面。

其次，构建多样化、开放性的劳动教育实践体系是加强劳动教育的重要助力。在生产力高速发展的当代社会，劳动形态的不断更迭已成为当下社会的常态。[②]在这种情况下，单一类型的劳动教育无法满足青少年的成长发展需要，劳动教育必须保持自身的多样化和开放性，有机整合直接劳动与间接劳动、简单劳动与复杂劳动、体力劳动与脑力劳动、学科劳动与活动劳动等多种劳动形态和学科课程知识，融入劳动文化与劳动精神。在现代社会，继体力劳动者、知识劳动者之后出现了服务劳动者，劳动生产的另一面——消费也逐渐进入大众的视野。新时代的劳动教育必须及时依据劳动形态的变更自觉补充教育内容，在关注物质生产的同时更不能忽视精神生产的内容，构建开放、多样的劳动教育实践

---

① 檀传宝. 劳动教育的概念理解——如何认识劳动教育概念的基本内涵与基本特征［J］. 中国教育学刊，2019（2）：82-84.

② 班建武. “新”劳动教育的内涵特征与实践路径［J］. 教育研究，2019（1）：21-26.

体系。

最后，党和国家对劳动教育实施的政策设计是加强劳动教育的有力保障。目前我国劳动教育的课程地位还不明确，各地学校开展情况差异较大，当下学校劳动教育只有北京、上海、浙江、江苏等地保持了它的完整形态，保障了可持续发展。[①] 学校劳动教育的学科地位、课程定位、教材内容、活动要求、课程评价等都还处于薄弱状态，缺乏系统规划，迫切需要党和国家的助推，保证各级各类学校开足开齐劳动教育课，保证劳动教育在整个教育体系中的战略地位。

青少年树立起依靠劳动创造美好未来的观念，不仅能够提高自身参与实践劳动的动力，也是为未来的终身学习与发展筑牢基础。树立劳动创造美好未来的理念，不仅要重视劳动教育的开展本身，还需要动员全社会重视培育劳动精神在青少年成才过程中的重要作用，结合各级各类学校和家庭的积极支持，形成劳动教育共同体的局面，这样才能有效地延续劳动精神，传承劳动文化。

① 徐长发. 新时代劳动教育再发展的逻辑［J］. 教育研究，2018（11）：12-17.

第四节　培养青少年综合能力

综合能力是反映在人们生活生产实践中的一种复杂能力，它指向人在自然和社会中的生存、适应与发展，包括实践能力、合作能力和创新能力等。培养青少年的综合能力是实现素质教育的核心要求，也是实施新时代立德树人工程的重要一步。1999年，《中共中央国务院关于深化教育改革全面推进素质教育的决定》提出，实施素质教育要以培养学生的创新精神和实践能力为重点，造就德智体美等全面发展的社会主义事业建设者和接班人。2018年，习近平总书记在全国教育大会上再次强调，要在增强综合素质上下功夫，教育引导学生培养综合能力，培养创新思维。培养综合能力不仅是实现素质教育的核心目标，也是实施新时代立德树人工程的重要内容。造就德智体美劳全面发展的社会主义建设者和接班人，全面实施立德树人工程，就必须以素质教育为蓝图，以培养学生的综合能力为重点，强化实践动手能力、合作能力和创新能力的培养。

一、实践能力是其他能力得以发展的根本前提

实践能力是指人们能动地改造自然和社会的能力，它是个体在生活、工作、学习等过程中以实践活动为载体来解决现实问题的能力。实践活动是人心理和生理发展的基础，人的实践能力是人认识世界、改造世界的基本能力，也是人其他能力得以发展的前提。

青少年实践能力的培养一直深受党和国家的重视。教育部在《2003—2007年教育振兴行动计划》中将“创新精神和实践能力”的培

养作为“新世纪素质教育工程”的重点。2005年初，教育部印发《关于进一步加强高等学校本科教学工作的若干意见》，明确提出要“大力加强实践教学，切实提高大学生的实践能力”。自2010年起，教育部先后联合十多个部门推出“卓越工程师教育培养计划”等6个“卓越计划”，以提高实践能力为重点，探索与有关部门、科研院所、行业企业联合培养人才的模式。但目前，我国学生的实践能力情况仍不容乐观。在高校人才培养过程中，一般采取专业课加公共课以及开设相关选修课的教育模式，多是对专业知识的传授，而非培养学生实践和解决问题的能力。即便教育部门已经将实践能力的培养提到重要位置，教育观念也难以在短时间内彻底转变，① 不少学生和学校对实践能力还保留着“进行短期的实践活动就能提升实践能力”的错误观念。在这样的背景下，学生的生活实践能力、专业实践能力和社会实践能力都有所欠缺，自理能力、凝聚力、行动力、号召力等都是亟待提高的薄弱部分。

要提高青少年的实践能力，首先要树立正确的实践能力培养理念，培育学生主动实践的意识。目前，世界高等教育人才培养理念已逐步由以往的“学历本位”转向“能力本位”。② 造就德智体美劳全面发展的高素质劳动者是我国当下的人才培养目标。实践能力包括一般实践能力、专项实践能力和情境实践能力。实践能力贯穿于人的生活、专业学习和社会交往中。教师在教授实践知识与技能之余，更重要的是激发学生的实践意识，让他们主动积极地提升自己的实践能力。其次，要加强各级各类学校的综合实践活动与课程建设。要开好中小学综合实践活动

---

① 谢丽. 大学生实践能力现状及提升策略研究［J］. 湖南邮电职业技术学院学报，2017（1）：47-48.

② 周爱国. 大学生实践能力培养存在的问题及对策［J］. 教育探索，2009（1）：74-75.

课程，发挥中小学研学实践教育基地和营地的作用，广泛开展考察探究、社会服务、设计制作、职业体验等活动。要加强高等学校社会实践、志愿公益和创新创业教育，培养学生的社会责任感和实践能力。最后，提升青少年的实践能力需要社会、学校和家庭的参与。在真实的情境中提出解决真实问题的要求和条件是提高学生实践能力的重要途径，教育者应向学生提供丰富真实的问题情境，使学生在解决过程中不断提高实践能力。除了学校这一教育场所之外，在社会、家庭中有意识地构建富有丰富问题的情境可以极大地激发学生的实践兴趣，锻炼他们的实践技能，促进他们实践能力的发展。

二、合作共赢是实现未来发展的重要路径

合作能力是学生在复杂的情境中投入认知、行为、情感要素与异质群体进行合作所体现出的综合素养。[①] 21世纪是知识经济、全球化、信息化的时代，社会流动性与全球流动性增强，人类需要加强合作才能解决问题、应对挑战。这也对当前学生合作能力的培养提出了更高的要求。

合作能力并不仅仅是与人交往协作的技能，其背后蕴藏着尊重、和谐、文明发展的深刻价值观。教育不仅关系到学习技能，还涉及尊重生命和人格尊严的价值观，而这是在多样化世界中实现社会和谐的必要条件。为建设我们共同的未来而实现团结和共担责任的意识是培养合作能力的基础和目的。[②]2017年1月18日，习近平主席在出席“共商共筑人

① 李新．PISA视域下的合作解决问题能力：内涵、测评及反思［J］．世界教育信息，2018（5）：61-67.

② 赵芮．科学主义教育在我国的成就与问题——基于对联合国教科文组织《反思教育》的分析［J］．齐鲁师范学院学报，2018（4）：1-7.

类命运共同体”高级别会议时发表了题为《共同构建人类命运共同体》的主旨演讲，对于“世界怎么了？我们怎么办？”这一人类社会的时代之问提出了“构建人类命运共同体，实现共赢共享”的中国方案。未来的世界是一个相互合作的世界，只有开辟出一条合作共赢、共建共享的文明发展道路，才能实现创造所有人幸福生活的人类共同理想。合作不仅意味着兼顾他人，更是兼顾世界。合作能力的培养能够帮助个人超越狭隘的个体利益观，作为构建人类命运共同体的基础条件，其重要性非同寻常。

培养合作能力需要聚焦于有深度、有长度的合作学习。经济合作与发展组织（OECD）发布的《PISA2015结果：合作解决问题》报告中表明，中国四个省份（北京、上海、江苏和广东）参加PISA（国际学生评估项目）测试的学生，在合作解决问题方面表现不是很好。目前我国一些中小学的合作学习流于形式，仅停留在表面，① 难以延伸到课堂教学以外的时间与空间。实现有深度、有长度的合作能力培养，要构建超越课堂、贯穿全社会的合作共享机制。信息时代的到来改变了合作发生的时间、空间与形式，人们可以运用技术手段进行非面对面的合作，这种合作是跨学科、跨年龄、跨区域的。学生不仅需要在课堂上进行合作，更需要在社会生活中养成合作的意识，学习不同情境下的合作技能。此外，学校需要开足开齐各类“合作”课程，优化学科课程的比例结构，加入“合作”因素，促使学生从个体参与走向合作状态。② 这是帮助学生在未来人生道路上继续发展合作能力的重要基础。

---

①② 褚宏启. 合作共进：学生合作能力的培养［J］. 中小学管理，2018（3）：59-60.

三、创新能力是推动国家进步的核心动力

创新能力是个体运用一切已知的信息，包括已有的知识和经验等，产生某种独特、新颖、有社会或个人价值的产品的能力。[①] 它表现为两个相互关联的部分，一部分是对已有知识的获取、改组和运用，另一部分则是对新思想、新技术、新产品的研究与发明。[②]

21世纪是市场经济不断完善和知识经济快速崛起的时代，这一时代最显著的特征就是创新。建设创新型国家，核心就是增强自主创新能力。创新是人类特有的认识能力，是人的主观能动性的高级表现形式，是推动民族进步和社会发展的不竭动力，是改造自然和改造自身的永不枯竭的源泉。任何一个民族想要在时代发展的浪潮中永葆活力，就必须在全球激烈的竞争中持续提高创新能力。具有创新能力的人才是知识经济时代的重要需求，也是提升我国国际竞争力的迫切需要。自2001年以来，党和国家高度关注创新人才的培养问题。2015年，“大众创业、万众创新”成为我国的国家战略。[③] 培育青少年的创新能力更是学校教育的重要改革方向。

当下，大多数学生具有一定的创新认知，学校以及社会创新氛围良好，开展了众多创新实践，但不可忽视的是在学生群体中仍存在较大的知行反差，各级各类学校的创新条件参差不齐，创新成果较少。要加强学生的创新能力培养，必须将创新能力培养贯穿于人才培养全过程。首

---

① 张宝臣．高等师范教育改革与中小学生创新能力的培养［J］．教育理论与实践，2004（4）：40－42.

② 安江英，王利明．高端技能型创新人才培养模式的构建［J］．中国职业技术教育，2012（24）：67－71；75.

③ 陆烨．我国都市青少年创新能力发展现状及其主要特征［J］．中国青年研究，2016（12）：98－103.

先，各级各类学校要全方位加强学生创新能力培养，树立创新教育理念，营造创新实践氛围，优化学科课程体系，构建开放的创新能力培养模式和培养平台。[①]其次，继续完善政策制度保障与支持创新教育的不断发展。当前我国的创新教育还属于“外驱式”推动，法规文件和国家领导人的讲话是创新教育发展的重要驱动力。相比于“内源式”生发，“外驱式”虽然不利于创新能力的持续发展，但是在当下，不同区域的学校还存在较大的创新条件配置差距，完善的制度要求与课程设计有利于推动和保障创新能力的基本培养要求，是未来“内源式”创新能力培养持续发展的重要基础。最后，要构建学校教育、家庭教育、社会教育有机结合的创新育人机制。学校教育对创新能力的培养是学生未来人生中创新能力发展的重要基础，创新实践贯穿于学生的学习生活与社会生活。要培育造就更好适应和引领创新发展的各类人才，就必须在家庭和社会中营造浓厚的创新氛围和创新条件，为学生的创新学习提供充足的时间和空间，使学生有所创建、有所创造，从而提高学生的创新能力。

① 薛文飞，刘国学. 研究生创新能力培养的现状分析与对策研究［J］. 河北师范大学学报（教育科学版），2012（12）：87-91.

第三章　完善教育质量标准体系

教育现代化是教育高水平的发展状态，是教育发展理念、发展方式、体系制度等全方位的提升。但是，我国的教育仍然存在很多问题，如：教育质量标准体系不完善，培养的人才达不到新时代社会和国家的要求；教育质量标准不全面，评价重点不突出；等等。因此，完善适应社会发展需求的教育质量标准体系，制定覆盖全学段、体现世界先进水平、符合不同层次类型教育特点的教育质量标准，明确学生发展核心素养要求，都是迫切需要完成的重大任务。

第一节　新时代中国教育质量面临新的要求

著名的“钱学森之问”，引发我们对教育更深层次的思考：“为什么我们的学校总是培养不出杰出人才？”人才的培养是推动国家更好发展的重要因素之一。我国的教育长期处在培养“高分数人才”的阶段中，忽视了对人素养的培养要求。标准是提高教育质量的保障，也是实现教育公平的保障。我国的教育质量标准尚不完善。现有的教育政策只有对各级各类教育原则的笼统概括，缺乏分科分类的教育质量标准，各学段教育质量标准的现况堪忧。

教育质量标准体系是教育质量水平提升的关键，执行标准是衡量和监控质量的重要手段。教育质量标准体系是教育领域所有相关质量的标准，并按各个标准之间的内外在关联，共同组成的科学有机整体的集合。教育各要素是否达到标准，需要一个完整的系统进行评判。在教育质量标准运行实施过程中，一个系统完善、科学有效的标准体系能够起到指引各学段教育工作发展方向的作用。国家的教育质量标准的价值在于为各学段教育提供引导、指南和评价依据。[①] 因此，应该明确各学段的教育目标，注重育人价值，遵循教育规律，按照科学合理的教育质量标准体系，引导教育活动沿着正确道路有效发展。我国社会发展需要掌握专业知识和专业技能的高素质建设者，他们需要具备能够适应终身发展和促进社会发展的必备品格和关键能力。落实立德树人的根本任务、提升我国教育国际竞争力，必须培养学生的核心素养，制定覆盖全学段、体现世界先进水平、符合不同层次类型教育特点的教育质量标准体系。

---

① 张永进. 高职继续教育质量标准体系研究［J］. 职教通讯，2017（34）：6-9.

第二节　制定教育质量标准体系的策略

教育发展的核心是提高教育质量，教育质量的提升与国家所制定的教育质量标准体系息息相关。教育质量标准体系的建构是不断完善的过程，科学合理的教育质量标准有利于提升教育教学质量，[①] 从而培养具有创新能力、开拓精神和国际竞争力的卓越人才。

一、构建学前教育质量标准要注重儿童的过程性发展

学前教育存在的地区差异和园所差异，会导致小学入学时，学生水平参差不齐。因此，促进学前教育协同发展、共享发展、均衡发展就显得尤为重要。影响学前教育质量的因素包括课程、教师、教学、环境等。我国在借鉴美国、英国、澳大利亚等国制定学前教育质量标准经验的基础上，注重过程性教育质量视角，构建符合中国国情和教育现况的学前教育质量标准。

首先，在制定学前教育质量标准的过程中，要加强对儿童学习质量的监测评估。这是促使学前教育质量大幅提升的重要措施。制定教育质量标准体系，必须对质量进行深刻反思，建构出具有文化适宜性的质量体系。对于办园水平低下的幼儿园，不能仅仅关注师资队伍和物质环境，而应当重点关注学前教育中的组织文化和权利秩序如何影响儿童的学习效果和行为方式，以便为儿童的未来发展奠定良好的基础。

其次，在制定学前教育质量标准的过程中，要加强对学校课程设置

---

① 高宝立. 制定教育质量国家标准的重要意义［N］. 中国教育报，2011-11-01.

方案合理性的思考。我国学前教育课程没有统一方案，主要是由园所自主开发。但是，这种校本课程并不一定具有科学性、系统性，也并不一定适合儿童的成长。国际上主流的学前教育课程，都是以儿童为中心的，根据儿童的特点以及家长的需求而设计，旨在帮助和激发儿童的想象力、创造力和作为社会人的所有潜力。因此，学前教育质量标准应当加入对课程方案统一性、科学性、合理性的考察，明确规范课程设置，督促园所将核心素养发展要求融入课程，从而促进学前教育课程的科学化、系统化和合理化。

最后，在制定学前教育质量标准的过程中，要加强对办学环境的综合评估。不同地区、不同园所之间存在资源的差异，办学环境具有不同的质量水平。学前教育环境的质量对教育质量有很大的影响，在部分农村地区的幼儿园中，仍存在师资流失严重、教育资金缺乏、保教质量很差的情况。教育资源短缺会严重制约学前教育的发展，长此以往，会加剧学前教育不均衡的现象，阻碍教育的整体发展。

二、制定基础教育质量标准要围绕学生的核心素养

长期以来，我国的基础教育重视学科知识学习，重视升学考试，把高升学率作为高教育质量的参照，忽视学生的学习能力、道德品质、创新意识的发展与培养，片面发展倾向严重。2013年，《教育部关于推进中小学教育质量综合评价改革的意见》提出要把学生的品德发展、学业发展、身心发展、兴趣特长、学业负担状况等方面作为评价中小学教育质量的主要指标。随后，众多政策文件都提出要发展学生的核心素养，将核心素养融入课程教学。制定基础教育质量标准，既要基于核心素养的培养要求，也要根据地区的实际情况。

首先，制定基础教育质量标准要求完善学业质量标准。学业质量标准是连接核心素养与课程标准、教学评价的桥梁。在每个教育阶段，每个学生临近毕业都需要达到学业要求，修满一定的学分，但这只是学业质量最低目标。学业质量标准完善工作要基于核心素养培养的要求展开。在学业质量标准视野下，在评价学生是否充分掌握课堂知识的同时，还应当评估学生是否形成一定的批判性思维和创造性思维，是否学会自主学习。除此之外，学业质量标准要将学科的内容要求和核心素养的质量要求有机结合在一起，以便指导教师的教学和教育评价。这样有助于打破学科内容限制，实现以学生能力为导向的评价，更好地促进学生的全面发展。

其次，制定基础教育质量标准要在建立课程质量评价体系的基础上进行。随着信息化时代的到来，基于知识与技能的课程体系已经不能满足时代发展的要求，我们需要建设能够培养人的学习能力、思维能力、创造能力等的课程体系。这种课程体系要根据学生的不同特点，以学生发展为核心，以学生品德发展、学业发展、身心发展、兴趣特长等为主要内容，促进学生健康成长，激发学生的潜能和主动性，给予学生学习的信心，使他们适应社会发展，实现自身的价值。

最后，制定基础教育质量标准要求建立健全学生发展指导制度。加强对学生课程选择、升学就业、心理健康的指导有助于学生了解自己，从而积极主动地发展兴趣爱好，掌握生存技能，培养生涯发展与规划的意识和能力。此外，学生发展指导制度还能够帮助学生提前了解大学专业信息与社会职业需求，合理规划升学与就业目标，减少学生在下一步生涯的困惑，促进学生多样性发展。学生是否得到全面自由的发展是教育是否具有高质量的最终标准，也是制定教育质量标准的重要指导。因此，一所学校的学生发展指导制度对学生未来发展是否有帮助，帮助的有效程度是多少等，都应该作为制定教育质量标准的重要依据。

三、制定高等教育质量标准要时刻关注人才培养质量评价

高等教育质量标准是衡量高等教育质量的尺度，是保证高等教育质量的前提，也反映了一个国家高等教育的发展水平。《国家中长期教育改革和发展规划纲要（2010—2020年）》提出，要全面提高高等教育质量。随后，《教育部关于全面提高高等教育质量的若干意见》印发，提出要牢固确立人才培养的中心地位。制定高等教育质量标准要注意以下两点。

首先，明确新时代的高等教育学业标准，是制定科学合理的高等教育质量标准的前提。接受高等教育的学生，必须具有坚实的专业理论基础，具备创新精神和实践能力，拥有较高的品德素质，能够在生产实践中发挥专业所长。其中，专科教育应该使学生掌握本专业必备的基础理论、专门知识，具有从事本专业实际工作的基本技能和初步能力；本科教育应该使学生比较系统地掌握本学科、本专业所必需的基础理论、专门知识和基本技能，还应该具有从事本专业实际工作和研究工作的初步能力；硕士研究生教育应该使学生掌握本学科坚实的基础理论和系统的专业知识，具有从事本专业实际工作和科学研究工作的能力；博士研究生教育应该使学生掌握本学科坚实宽广的基础理论、系统深入的专业知识、相应的技能和方法，具有独立从事本学科创造性科学研究工作和实际工作的能力。

其次，加强学术规范是完善高等教育质量标准、推动人才培养长远发展的重要助力。为了进一步推动学风建设，营造良好的学习氛围，走

内涵式发展道路，高校应该加强研究生学术道德与学术规范。加强学术规范需要将学术道德和学风建设作为主题，广泛开展学风建设的专题讨论，切实提高高等教育师生的学术自律意识，形成学术道德和学术规范的长效机制。尤其对于研究生群体，应开展学术规范、学术伦理和职业道德教育，培养学生的自主科研能力，培育学生主动自觉抵制学位论文作假行为的意识。同时，导师也应该加强与学生的学术交流，进行必要的检查与审核，实时监督学生的学术研究过程。

四、制定职业教育质量标准要注重促进学生素质提升的保障条件

建立健全职业教育质量标准，是实现职业教育高质量内涵式发展的必要前提。根据当前职业院校的教育开展情况与教育质量水平，制定职业教育质量标准要注意以下几点。

首先，学术要求是职业教育质量标准的基本要求。学术要求包括知识、能力和素质。接受职业教育的学生必须掌握通用知识和专业知识。作为社会公民，通用知识必须了解掌握，这是进入社会所必备的知识；作为国家未来的建设者和接班人，专业知识不能缺少，这是发挥自身价值的必需条件。与此同时，学生还要掌握社会生存能力，主要包括问题解决能力、创新能力、团队合作能力、实践能力等。

其次，质量保证标准是职业教育质量标准的重要保障条件。质量保证标准是对学生达到学术水平要求的保障，包括从政策、评估制度、经费投入、办学条件、师资队伍、课程、教学方法等方面提出的要求。建设高水平职业院校，需要建设适应当地经济发展的特色优势专业、师资团队、学校硬件设施等。比如，关于职业学校教师队伍建设的标准要

求，《国家职业教育改革实施方案》提出，“双师型”教师占专业课教师总数超过一半，分专业建设一批国家级职业教育教师教学创新团队。

最后，质量评价标准是职业教育质量标准的核心评价依据。质量评价标准是对职业学校人才质量评价的依据。对职业教育的质量评价标准而言，首先要关注学生的发展以及学习的成果，保证学生学习成果达标，反映学生思想道德、自主学习、创新能力、发展能力等方面的现状，这是判断教育质量水平的核心指标。与此同时，质量评价标准还要满足国家对接受职业教育学生的要求和用人单位的要求，这是对学生未来职业发展的条件保障。此外，质量评价标准还包括对教学过程的评估，从而规范教师教学活动，督促教师引导学生积极学习，参与实践活动，用正确的思想引导学生走适合自己发展的道路。

教育质量标准的制定不能脱离核心素养。要明确学生发展核心素养在整个教育体系的中心位置，借鉴先进教育经验来提高我国教育质量，把握全学段学生的特点、培养目标，形成相互衔接、具有系统性的现代化育人体系。

在制定教育质量标准体系时，应将核心素养作为考察教育质量标准体系的核心标准。各学段学生的核心素养是教育质量的最终体现，把对学生德智体美劳全面发展的总体要求和社会主义核心价值观的有关内容转化为品格和综合能力的要求，贯穿到各学段，融合到各学科，最终体现在学生身上。①结合各个学段学生的发展特点研制教育质量标准，将学生适应新时代需要的发展目标融入各个学段的每门学科，让学生在每个学段都获得成长。

---

① 张莹，冯虹. 基于核心素养的教育质量评价指标体系的构建与应用［J］. 教育探索，2016（7）：60-64.

第四章　完善学前教育保教质量标准

学前教育现代化是教育现代化的重要组成部分，而学前教育高质量发展是实现学前教育现代化的重要推力。为了促进学前教育健康发展，需从学前教育现代化的发展目标、学前教育高质量发展的必然要求以及完善学前教育保教质量标准体系的有效措施等三方面，来认识目前学前教育所面临的理论和实践问题。

第一节　学前教育现代化的发展目标

学前教育是人才培养和终身学习的起点。《国家中长期教育改革和发展规划纲要（2010—2020年）》指出："学前教育对幼儿身心健康、习惯养成、智力发展具有重要意义。"学前儿童处于大脑发育的重要阶段，这时期的儿童通过操控各种物件、探究周围世界以及不断试错来进行学习，得到情感支持的儿童能够发展对个体安全的感知，并建立同家庭及社区之间的紧密联系，为后期的学习奠定重要基础。

国家在对学前教育的投入逐渐加大的同时，也越来越关注学前教育的质量问题。党的十八大以来，我国学前教育事业虽然在资源开发、普及程度以及管理制度等方面取得了迅速的发展，但学前教育仍属于全民终身学习这一教育体系中的短板，存在普惠性资源不足、保障体系不完备、监管机制不健全、保教质量参差不齐等问题。而促进学前儿童发展、提高学前教育质量的关键在于建立健全保教质量标准体系。这一标准体系覆盖学前儿童的保育和教育两个方面。在学前教育实践中，保育和教育密不可分。保育为儿童构建了一个认知和社会情感发展的安全成长环境；学前教育领域中的教育则要超出学校教育的范畴，通过早期的刺激、引导和一系列有利于发展的活动与机会来促进儿童学习。保育和教育是一个整体的两个组成部分，不仅学前教育的高质量监管离不开这两个方面，而且促进学前儿童全面发展的任务也离不开这两个方面。

完善学前教育保教质量标准是学前教育现代化的重要任务。教育现代化要求健全学前教育发展机制，建立更为完善的学前教育管理体制、办园体制、投入体制，创新学前教育教师、保育员培养和补充机制，努力让所有儿童接受学前教育。要建立健全学前教育保教质量标准，进一步明确健康、语言、社会、科学、艺术等方面的儿童发展要求和幼儿园实施要求。要严格幼儿园准入制度，健全并落实幼儿园办园行为基本规范，健全保教质量评估指导体系和教研指导网络，开展幼儿园办园行为督导评估，坚持以游戏为基本活动，全面提高幼儿园办园质量，提高学前教育质量。

第二节　学前教育高质量发展的必然要求

高质量学前教育有利于促进学前儿童的成长发育，世界各国先后将学前教育工作的重心由提高普及程度转移到提高质量上来。为实现我国学前教育优质与公平的发展目标，完善学前教育保教质量评价体系势在必行。

一、接受高质量的学前教育是学前儿童充分发展的重要推力

一直以来，学前儿童与学前阶段都是研究者关注的重点。如果学前儿童的基本需求没有得到满足，后果通常会波及整个童年甚至成年时期。神经心理学和脑科学领域的研究表明，在人类大脑发育过程中，学前阶段是重要的阶段。大脑神经的突触在学前阶段迅速形成并达到密度峰值，随后进入平台期，进入成人期后密度开始降低。人生的前三年是大脑发育最重要的时期。儿童在学前阶段的发展和学习非常重要，在这一时期，如果某种刺激缺失，就会造成发展混乱，产生严重和持久的负面影响。

学前教育不仅能促进儿童大脑发育，而且能够补偿他们由于家庭或社会冲突、营养或情感缺失所经历的消极体验。学前教育中的保育强调要确保儿童的健康与营养。营养不良会给儿童的认知发展带来负面影响，这种影响可以延续至青年甚至成年时期。保育和教育相互加强与补充，两者相结合的干预措施比只关注保育的干预措施成功的概率更大。在经常发生健康与营养问题的地方，实施教育干预与实施健康干预同样重要。

学前教育应关注儿童在健康、语言、社会、科学、艺术等方面的发展要求及发展结果，运用适合儿童年龄特点的方法，促进儿童身心健康发展。

二、提高学前教育质量是世界各国学前教育发展的必然趋势

进入21世纪以来，世界各国在经历了学前教育不同程度的普及阶段之后，日益关注和追求高质量的学前教育。根据联合国教科文组织（UNESCO）2015年发布的全球监控报告，自1999到2012年的13年间，世界儿童学前教育的入学人数增长了64%，达到18 400万人，但地区发展不平衡的问题也随之凸显。①随着普及率的逐步提高，学前教育的质量与公平问题也越来越引起世界各国的重视。教育质量与教育公平是相互交错、互为因果的两个问题。“正是因为教育质量参差不齐，区域之间、城乡之间、学校之间的差别太大，才影响了教育公平；由于教育不公平，大家追求优质教育，结果造成恶性竞争，既加重了学生负担，又影响了教育质量，特别影响了创新人才的培养。”②

UNESCO早在2005年就提出关注教育质量是实现全民教育的必要条件。③学前教育的普及在很大程度上依赖于儿童可获得教育的质量。家长是否送孩子去幼儿园取决于他们对学前教育质量的判断，衡量他们所付出的时间及经济成本是否物有所值。作为终身学习的起点，学前教育所承担的使命——帮助学习者实现他们的经济、社会及文化目标，帮

① ③ UNESCO. Education for all 2000−2015: achievements and challenges［R］. Paris: UNESCO, 2015: 15; 28.

② 顾明远. 公平与质量：教育改革与发展的时代主题［J］. 中国教育学刊，2010（3）：卷首语.

助社会向更加公平、繁荣的方向发展——也会因教育质量的提高而得到推进。提高学前教育质量需要政府与学校共同努力。OECD在2006年发布的早期儿童教育和保育状况报告中，提出保障学前教育质量的两个政策策略，一个是政府对学前教育项目的有效指导，另一个是学前教育机构积极自发地提高教育质量。[①]这两个策略相辅相成，缺一不可。学前教育机构自发的努力需要来自政府的支持，需要政府协助指导、提供资金并加强基本标准的制定和实施。没有政府积极主动地采取措施，学前教育机构自发的质量监控很难进行下去。

平等获取高质量的学前教育可以促进儿童实现终身学习。近20年来，OECD成员国对早期儿童教育和保育的政策关注激增，各国政府采取措施提高早期儿童教育和保育服务的质量。自1998年以来，OECD的学前教育质量项目“强势开端”（Strong Starting）连续发布了三个研究报告，致力于促进各成员国学前教育的普及与质量提升。其中发布于2012年的《强势开端Ⅲ：早期保教质量工具箱》聚焦于如何提高学前教育质量，从制定质量目标和最低质量标准，制定和实施课程与学习标准，提高教师资质、改善教师工作条件，促进家长和社区参与，完善数据收集、监测和研究五个方面提出政策建议。早期教育和保育对儿童身心健康、学习及发展都有重要作用。然而只是确保儿童能够获得早期教育和保育还远远不够，只有高质量的学前教育才能对儿童产生积极的影响。

① OECD. Starting strong II: early childhood education and care [R]. Paris: OECD, 2006: 6.

三、完善学前教育保教质量评价体系是我国学前教育高质量发展的迫切需求

学前教育有深远的社会意义，它有利于提高全国儿童的整体健康水平，提高他们未来的教育成就，增加劳动力市场的人数和灵活性，增强社会凝聚力。在市场经济中，学前教育极易受到资金短缺和低质服务的影响。因此，政府必须对学前教育进行有力监管。

当前，我国学前教育深化改革发展的基本目标是实现优质与公平，这也是教育现代化发展的时代要求。一直以来，学前教育质量的发展备受党和国家重视。《国家中长期教育改革和发展规划纲要（2010—2020年）》从园所管理、师资培养、行政指导等方面提出要“加强学前教育管理……充分调动各方面力量发展学前教育”。《中共中央国务院关于学前教育深化改革规范发展的若干意见》提出，提高幼儿园保教质量必须完善学前教育教研体系，健全质量评估监测体系。教育评价是了解教育的适宜性与有效性的最有效途径，有利于促进教育工作的调整和改善，是提高学前教育质量、促进儿童发展的必要手段。[①] 但是，当前我国的学前教育质量评价仍存在“评价主体单一，行政意义上的评价色彩较浓；评价标准笼统，科学性和操作性有待提高；评价工具缺乏，发展性评价得不到有效开展；监控力度不够，评价的质量管理有待加强”等问题，[②] 如何建立健全学前教育质量评价体系依旧是我国全面提升保教质量路径上需要解决的首要问题。

---

① 李玉杰，肖晓雪. 发达国家学前教育机构保教质量评价的特点及其启示［J］. 教育探索，2014（12）：142-144.

② 吴钢. 对我国幼儿园教育质量评价的反思［J］. 教育导刊，2012（3）：8-12.

第三节　完善保教质量标准体系的有效措施

学前教育通过支持和补充家长与其他相关人员对儿童的照料，来确保儿童在身体和智力方面均衡发展，并帮助他们顺利过渡到小学教育。高质量的学前教育模式呈现出多样化的趋势，但其核心是在儿童从家庭到小学的变化过程中，为其提供稳定、持续的支持。当前我国学前教育保教质量标准尚不完备，在学前教育质量标准制定过程中要充分考虑儿童发展的独特性和成长环境的多样性，进一步完善保教质量标准体系。

一、加强对学前教育评价的方法论研究

课堂是提高教育教学质量的主阵地，学前教育研究需要结合教学过程的黑箱现象，加强对质量指标与测量手段的探讨。研究者不应该局限于某几个有关幼儿园教学有效性的研究中使用的测量手段，而应该从对教学过程与教学目标的全面探究入手，系统梳理相关研究，推断研究结果能否作为教育质量的关键指标，并探究这些关键指标的测量手段。每个研究中的质量指标与测量手段都应该同教学目标相呼应。实际上，发现并命名那些重要的质量指标之后，有的指标比预想的更容易测量，例如处于教学过程核心地位的师生互动。如果实证研究得出的某项质量指标无法通过简单的测量手段展现，则应该寻找其他合适的测量手段，任何情况下都不能仅仅由于无法量化而去除影响有效教学的重要指标。

学前儿童的数学水平或者语言发展水平可以通过数据来测量和反馈，除此之外，学前教育更应该培养儿童成为保护环境、维护和平的合格公民，让他们具有明辨性思维和沟通、合作、解决问题、平息冲突、

领导及宣传的能力，学会接纳与欣赏多样性、承担公民责任等。这一部分的教育质量指标是无法测量的。因此，一份可测量的学习目标或指标的列表是远远不够的，学前教育需要更加重视教学过程，将各种能力素质的培养融入教学过程。

二、重视儿童身心健康、早期发展与个性化学习需求

学前教育现代化能够改善儿童当前与未来的身心健康状况。对学前儿童的传统评价，主要是看他们是否为入学做好了准备，这种评价侧重对语言与数学技能的评测，通常包括儿童每年需要掌握的知识和技能。儿童可能会在幼儿园的课堂上或小学入学时接受测试，以评价他们的进步情况，测试内容通常是初期的识字和识数，也包括一些社会情感发展及健康方面的通识知识。毫无疑问，如有一种测量儿童在上述领域逐年成长状况的客观工具，对于管理部门来说将事半功倍，但这种评价手段会导致幼儿教师过度关注评价内容，从而不再关注幼儿需要的相关教法。事实上，学前儿童并不适合进行正式评估。评价幼儿教师及幼儿园业绩能够更好地促进保教质量提升，而不是去测量幼儿。评价幼儿的进步情况应当在幼儿园内部，以尽量隐蔽的形式进行，比如通过系统的日常观察、持续的材料记录，建立成长档案袋，进行家长采访。

促进儿童发展和学习是学前教育的核心目标，但实现这一目标的前提是，这一过程必须发生在能够保证儿童社会情感发展和身心健康的环境中。当前学前教育面临的迫切任务是如何更加关注儿童，更多了解学前儿童的特定发展过程和学习策略。为了支持儿童的个性化学习与身心健康，全面提高保教质量，首先应关注儿童自身的能力，尊重其自发的学习策略；其次，应该将倾听、专题研究与活动记录作为进行学前教育

的主要手段。

制定学前儿童学习与发展标准必须充分关注儿童的学习结果。标准制定的范畴应覆盖语言与文字发展、社会情感发展、动作发展、逻辑推理以及学习策略等领域；制定标准的过程由学前儿童发展专家、政策制定部门、计划提出部门、家长及儿童共同参与，并且要反映出当前中国社会文化下的儿童会做什么以及应该知道什么。制定学前儿童学习与发展的标准需要建立在对儿童早期学习研究的基础上，考虑各地文化、社会和经济的差异，关注特殊儿童的需求。通过各地试点后，标准可用作修正学前教育课程、教师培训模式和国家监控方式的依据。

教育部于2012年颁布的《3—6岁儿童学习与发展指南》从健康、语言、社会、科学、艺术五个领域描述儿童的学习与发展，把每个领域又细化为若干方面，进而提出每个方面的学习与发展目标及教育建议。完善我国的学前教育保教质量标准，就是要在此基础上进一步明确这五个领域的儿童发展要求和幼儿园实施要求。这种方法关注儿童学习与发展的结果，而不仅仅是学前教育的特征。它鼓励相关人员在国家层面建立各个领域的学前儿童学习标准，通常需要判断儿童在多大程度上准备好进入小学教育。这些标准的测量采用适合学前儿童特征的直接观察等持续性评价手段，而不是标准化测试。标准的制定是为了支持学习并发现困难，但标准化测试很难反映出儿童学习的速度和途径，甚至有可能被误用来指责儿童学习失败，或者进行筛选，决定他们是否能够入学。因此，完善保教质量标准首先要充分考虑各地区的经济文化特征，不能用简单划一的标准来区分优劣。其次，儿童的学习结果应该置于其生长环境中加以考虑。最后，要充分尊重儿童的学习结果。

三、国家、学校、家庭多方协同制定保教质量标准及其实施的指导方针

颁布国家保教质量标准，有助于提升学前教师的教学水平，引导和支持学前教师的教学实践，保证学前教育与学校教育教学的可持续性。保教质量标准包括一个课程框架和一系列督导性质的指导原则。为了提高保教质量，可以用一系列行为指标作为评价标准，包括儿童身体发展指标、教学活动指标、为儿童提供的支持指标以及学校文化指标等。其中，教学活动指标应考虑儿童年龄的适宜性、儿童个体的差异性以及教学实践中对突发事件的应对。进一步强化保教质量，幼儿园应该进行可持续的自我改进，并能够进行自我评价。幼儿园的自我评价应该采取自下而上的方式，建立和加强幼儿园相关人员之间的协作，激发他们的主人翁责任感，通过全园共同努力提高办园质量。此外，设置相应机构对幼儿园进行外部评价，也是确保保教质量不可或缺的部分。

国家层面的课程框架能够确定学前儿童发展体系的关键目标。这些目标随时间推移和国情变化会有所改变，而一些核心目标则具有共同性。比如，美国国家教育目标专家组（NEGP）提出学前儿童发展的目标是：学会做人，即建立自我身份认同；学会做事，即通过游戏、实验进行活动；学会学习，即在学习环境中能产生学习兴趣，有明确的学习目标；学会共同生活，即在幼儿园中学会民主的生活方式，尊重个性差异。[①] 要使儿童进行体验式的、自我驱动式的学习，就必须提高儿童的学习参与度。与此相对，教师必须接受特定培训，以培养为达到这些目标进行教学的能力。

---

① NEGP. The national education goals panel report: building a nation of learners [R]. Washington DC: U. S. Government Printing Office, 1997.

评估保教质量，通常包括评价儿童保育和学习环境的质量、成人与儿童互动的质量以及家长参与保教的程度。制定保教质量标准尤其需要考虑应该在何种程度上对儿童进行各种形式的监护。例如，公立与私立的保教机构必须遵循保教质量标准，而对家庭、朋友及邻居等非正式的育儿环境则没有相应的要求。保证保教质量在根本上属于行政管理职责。保教质量标准的内容包括：保教的物理环境，包括建筑质量、室内活动空间、室外活动条件、教学材料等；保教师资的质量及培训水平；课程的适宜程度，是否经过试用，是否覆盖学前儿童发展的广阔领域；可以接受的师生比；教师的工作条件；等等。国家可以通过颁发许可证来监督并督促保教机构达到标准。

学前教育的学习标准应被视为儿童的发展目标。儿童发展目标的制定会给保教工作带来重大影响，并进而影响儿童的生活体验。目前，就儿童发展的关键技能、知识及促进儿童发展的最佳方法，世界各国还没有定论，还需要进一步研究。在课堂教学层面，综合教学技能是重要的基础，训练有素的教师会关注儿童的情感投入和认知发展。教师应该尊重儿童的发展路径及不同的发展速度。

四、创设必要的管理体系，保障保教质量标准的实施

政府对保教质量进行监控，主要目的是确保幼儿园能够促进儿童发展。质量监控往往通过测量结构质量指标来实现，包括班级规模、教师与儿童的比例、教学资源与教师培训。质量监控还应该关注过程质量指标，包括教师与儿童之间的互动、家庭的参与度、教师对儿童特殊需求的回应等。政府除了行使监管学前教育质量的职能，还需要提供持续的经济支持，建立与质量框架并行的学前教育准入体系。幼儿园获得准入

资格的前提条件，是满足质量框架的要求并完成自我评价。

功能完整的支持机构是现代化保教体系的必要组成部分，包括教师培训机构、独立评价机构、学术研究单位、教学方法指导团队以及监控和数据采集单位等。学前教育研究机构致力于加强研究政策与实践之间的联系。保教评价是保障保教质量的重要手段，教学方法指导是进行保教评价的重要基础。幼儿园评价应该重点关注幼儿园管理的科学性和教师工作的形成性评价，而并非只对儿童进行测试。

五、提高幼儿园运行质量，保证保教质量

教师与儿童之间积极的互动对儿童学习体验意义重大，保教系统需要进一步完善教育体系。首先，政府需要调整保教员工的入职要求和培训方式，将教育与保育两个组成部分紧密相连。例如，从事保育与教育工作的员工接受同样的培训。其次，政府调整教师培训的准入制度，使其更具灵活性，吸引更多的人参训。例如，开设提供保教培训的网络课程。最后，政府需要加强学前教育阶段与小学教育阶段的衔接，以确保儿童能够顺利接受小学教育。例如，联合培养学前教师与小学教师，或建立小学教师同学前教师的交流机制，以鼓励两个教学阶段建立本质性联系。

除了国家层面的保教质量标准，幼儿园的办园水平还依赖于本地行政部门和幼儿园领导的职业能力。幼儿园领导对教学团队工作的支持，鼓励团队成员之间的信息共享，有助于建设有效教学团队，关注儿童需求，提高整体服务质量。幼儿园领导的工作包括关注幼儿园层面和课堂层面的常规计划，为教师提供继续学习和职业发展的机会，为教师提供观察和评价儿童、建立儿童成长档案所需的条件，既做员工的同伴，又

做他们的管理者。

《中国教育现代化2035》为学前教育发展绘制了宏伟蓝图，提出要普及有质量的学前教育的伟大目标，这既为广大幼教从业者与研究者提供了重大机遇，同时，也让他们面临严峻的挑战。建立完备的学前教育保教质量标准、通过教育评价杠杆监控学前教育质量是实现高质量学前教育的基本前提和有力保障。完善学前教育保教质量标准需从学前儿童的生理、心理特征与个性化成长需求出发，充分借鉴国外早期儿童教育和保育研究以及保教实践的经验与教训，结合我国新时代中国特色社会主义建设与教育现代化建设的社会文化特征，加强对学前教育评价的方法论研究。实现学前教育现代化要将促进儿童身心健康、早期发展与学习进步放在完善学前保教质量标准工作的核心位置，同时尊重儿童的个性化学习策略，同相关方共同制定保教质量标准及其实施的指导方针，创设必要的管理体系，提高幼儿园运行质量，以此来提升学前教育保教质量，建设具有中国特色的现代化学前教育。

第四节 大力推进幼儿园与小学科学衔接

2021年3月，教育部发布《关于大力推进幼儿园与小学科学衔接的指导意见》。从幼儿园进入小学是儿童成长的重要转折。儿童能否尽快适应学校生活，一定程度上决定其今后对学校的态度和情感，会影响其学业成绩、社会成就以及终身发展。因此，在提升学前教育保教质量之时，还应该特别关注儿童的发展问题，遵循儿童身心发展规律和教育规律，建立幼儿园与小学科学衔接的长效机制。幼儿园必须以促进儿童身心全面适应为目标，围绕儿童进入小学所需的关键素质，帮助儿童做好身心各方面的准备。实施科学的保育和教育，将入学准备教育有机渗透于幼儿园三年保育和教育工作的全过程，可以实现从幼儿园到小学的顺利过渡。

应该增强衔接意识，充分认识小学和幼儿园教育分离的现实状况，建立幼儿园与小学协同合作机制，为儿童搭建从幼儿园到小学过渡的阶梯。幼小衔接应该坚持儿童为本、双向衔接、系统推进以及规范管理。要建设科学衔接的教育生态，减缓衔接坡度。不应该片面追求某一方面或某几方面的准备，更不应该用小学知识与技能的提前学习和强化训练替代全面准备。应围绕社会交往、自我调控、规则意识、专注坚持等进入小学所需的关键素质，提出科学有效的途径和方法，实施有针对性的入学准备教育。幼儿园应充分理解和尊重儿童的学习方式和特点，把入学准备教育目标和内容要求融入幼儿园游戏活动和一日生活，支持儿童通过直接感知、实际操作和亲身体验等方式积累经验，逐步做好身心各方面的准备。

需要改变衔接机制不健全的状况，建立行政推动、教科研支持、教育机构和家长共同参与的机制，整合多方资源。进一步引导教师树立科学衔接的理念，帮助儿童建立对小学生活的积极期待和向往。建立联合教研制度，各级教研部门要把幼小衔接作为教研工作的重要内容，纳入年度教研计划，推动建立幼小学段互通、内容融合的联合教研制度。教研人员要深入幼儿园和小学，根据实践需要确定研究专题，总结推广好做法好经验。鼓励学区内小学和幼儿园建立学习共同体，加强教师在儿童发展、课程、教学、管理等方面的研究交流，及时解决入学准备和入学适应实践中的突出问题。完善家园校共育机制。幼儿园和小学要把家长作为重要的合作伙伴，建立有效的家园校协同沟通机制，引导家长与幼儿园和小学积极配合，共同做好衔接工作。帮助家长认识过度强化知识准备、提前学习小学课程内容的危害，缓解家长的压力和焦虑，营造良好的家庭教育氛围。加大综合治理力度。各级教育部门要会同有关部门持续加大对校外培训机构、小学、幼儿园违反教育规律行为的治理力度，开展专项治理。落实国家有关规定，校外培训机构不得对学前儿童违规进行培训。小学严格执行免试就近入学，严禁以各类考试、竞赛、培训成绩或证书等作为招生依据，坚持按课程标准零起点教学。幼儿园满足需要的地方，小学不得举办学前班。幼儿园不得布置读写算家庭作业，不得设学前班。

省级教育行政部门统筹推进幼儿园入学准备和小学入学适应教育，制订推进幼儿园与小学衔接攻坚行动实施方案，精心部署，试点先行。在分析入学准备和入学适应教育成效，梳理总结试点工作经验的基础上，全面推行入学准备和入学适应教育，加强在课程、教学、管理和教研等方面的研究合作。在系统总结经验基础上，完善政策，健全机制。

地方各级教育行政部门应完善幼小衔接政策举措，加强幼儿园和小学深度合作，提高入学准备和入学适应教育的科学性和有效性，及时研究解决教师在幼小衔接实践中的困惑问题。

各级教育部门应提高对幼小衔接工作重要性的认识，统筹安排现有资源，为确保幼小衔接工作取得实效提供切实保障。省级教育行政部门要选派具有儿童发展研究背景、幼儿园教育改革和义务教育课程教学改革经验的专家，对县级教育行政部门遴选的试点小学和幼儿园提供专业指导，做好幼小衔接实验区的试点工作，并推广成功经验。教育行政部门要建立健全科学的工作推进机制，一方面加强幼儿教学研究专家对幼儿教师发展的指导作用，另一方面通过对包括入学准备与入学适应在内的幼儿园教学质量做出科学评估，并制定相应的奖惩条例，以激励优化幼小衔接工作的实施。同时，要通过多种途径的社会宣传，推广符合儿童身心发展规律的科学认识，争取家长群体积极参与幼小衔接工作，以及社会各阶层的大力支持。

第五章　健全职业教育与高等教育人才培养质量标准

现代职业教育框架体系已初步形成，职业教育发展迈出新步伐要立足于健全职业教育人才培养质量标准，在提升职业教育学生职业素养的同时对接社会和职业需求，以实用化满足时代、产业发展要求。进入新时代，高等教育大众化水平显著提升，高等学校和学科实力明显增强。推动高等教育变革，要抓住培养能适应和引领未来发展的新一代人，制定紧跟时代发展的多样化高等教育人才培养质量标准，以不同层次、类型的高等教育为基础，打造满足社会发展所需的不同层次的人才。

第一节　完善职业教育与高等教育人才培养质量标准的内涵

提高教育质量是教育现代化的核心要素。在现代职业教育体系框架初步形成、高等教育大众化基本实现的背景下，职业教育仍是教育系统的短板，人才培养结构与社会需求契合度不高，高等教育“内涵式”发展水平依然有待提升。形成高水平人才培养体系，努力培养思想坚定、信仰高尚、专业精深、能力突出，能够满足党、国家、人民以及时代需要的德才兼备的技能人才仍是职业教育与高等教育人才培养质量标准制定的目标。

一、人才培养质量标准是对教育本身的定性

党的十八大以来，习近平总书记高度重视人才与人才创新发展，并指出创新驱动的实质是人才驱动，要加快构建具有全球竞争力的人才制度体系，择天下英才而用之。而人才培养是建立在以人为中心的高质量人才培养质量标准之上的。国际标准化组织赋予“质量”一词的含义是“反映实体满足明确或隐含需要能力的特征和特征的总和”。就人才培养而言，其质量标准反映了“教育水平高低和效果优劣的程度”，是由教育各组成部分与实施环节共同作用的产物，是对教育及其教育活动本身的定性。①

人才培养质量标准涵盖教育目标与教育评价两部分。第一，就教育目标而言，人才培养质量标准具有“变”与“不变”两方面：“变”反映的是人才培养标准的时代性，例如将信息技术掌握能力纳入核心素养；“不变”反映的是教育的本真，例如长期存在的德智体美劳均衡发展的教育理念。随着时代的变迁与发展，个体需要不断地发展以适应社会与科技的进步，人才培养质量标准也应在基本理念的基础上不断进行完善、扩充和丰富。第二，要严格控制教育评价环节。教育评价是对人才培养标准质量好坏、教育成果优劣的最终评判，因而，人才培养质量标准既是人才培养的起点，又是人才培养的终点。符合时代特色、民族特色和教育规律的人才培养质量标准将在更高层次上影响教育活动与人才培养的全过程，是推进教育现代化的重要内容。

---

① 王哲，董衍美. 十八大以来中国特色现代职业教育人才培养质量工作报告［J］. 职业技术教育，2017（24）：53-59.

二、健全职业教育人才培养质量标准是培养大国工匠的重要途径

2014年，习近平总书记在全国职业教育工作会议上提出要着力提高人才培养质量。作为国民教育体系及人力资源建设的主要组织部分，职业教育是广大青年成功成才的重要途径，承担着培养多样化人才、传承技术技能、促进就业创业的重要职责，必须高度关注、加速发展。1996年，《中华人民共和国职业教育法》出台，为职业教育健康发展、职业人才培养提供法律依据与法律保护。进入21世纪以来，国家高度重视职业教育发展，多次召开全国性职业教育工作会议。2002年，《国务院关于大力推进职业教育改革与发展的决定》颁布，职业教育发展进入新纪元。随后，2005年《国务院关于大力发展职业教育的决定》，2006年《教育部关于全面提高高等职业教育教学质量的若干意见》，2008年《教育部关于中等职业学校德育课程设置与教学安排的意见》，这一系列政策举措提升了职业教育教学质量，深化了职业教育立德树人的理念。2010年之后，国家开始大力提升职业教育“双师型”教师队伍建设。2018年，全国教育大会提出要大力办好职业院校，坚持面向市场、服务发展、促进就业的办学方向，以产教融合、校企合作为路径，培养大国工匠。

人才培养质量决定于教育发展质量。在牢固树立“抓教育就是抓发展，谋教育就是谋未来”的理念基础上，《加快推进教育现代化实施方案（2018—2022年）》明确提出：“到2022年实现职业院校教学条件基本达标。建好一批县域职教中心，实施好学历教育、技术推广、扶贫开发、劳动力转移培训和社会生活教育。启动实施中国特色高水平高职学校和专业建设计划，建设50所高水平高职院校、150个左右高水平专业

群。建成一批高技能人才培养培训基地、技术技能创新平台。”到2035年，职业教育要实现服务能力显著提升，建成一大批高水平职业院校和特色专业，形成与社会需求相适应、产教融合、灵活多样的职业教育与培训体系，让劳动者在成长和职业生涯发展不同阶段都有机会获得必要的技术技能，为建设一支强大的知识型、技能型、创新型劳动大军做出贡献。

与学前教育、基础教育等普通教育相比，职业教育在人才培养方面有其特殊性。第一，普通教育是以传授广博的文化知识为主，而职业教育主要是培养学生的职业技能，与职业需求、产业发展密切相关，文化知识课程只是教育的一部分，学生要在正确理解、掌握专业理论知识的基础上，通过实践活动提升自我的职业操作能力。当然，必要的通识教育对于职业人才培养而言也是至关重要的，这是形成职业技能与态度的关键。第二，实践性决定了职业教育不能以课程传授为主，而要更关注在实训基地、实习工厂中的人才培养。对职业技能人才而言，文化知识考试并不是最好的评价方式，应建立以实践为根本的多样化人才标准和评价体系。第三，职业教育属于跨界的教育类型，需要社会各界广泛参与。应加快推进产教融合、校企合作，以职业院校和企业产业协同多元的形式共同铸就高质量人才培养。第四，职业教育人才培养方向是大国工匠，是生产一线的高技术技能人才。职业教育人才培养质量直接决定了我国工业生产与创新的实力，深刻影响着社会与经济发展的质量与水平。①

职业教育人才培养质量标准和职业教育发展一直备受党和国家领导

① 王哲，董衍美. 十八大以来中国特色现代职业教育人才培养质量工作报告［J］. 职业技术教育，2017（24）：53-59.

人的重视。习近平总书记就加快职业教育发展曾做出重要指示：要树立正确人才观，培育和践行社会主义核心价值观，着力提高人才培养质量，弘扬劳动光荣、技能宝贵、创造伟大的时代风尚，营造人人皆可成才、人人尽展其才的良好环境；要牢固把握服务发展、促进就业的办学方向，深化体制机制改革，创新各层次各类型职业教育模式，坚持产教融合、校企合作，坚持工学结合、知行合一，引导社会各界特别是行业企业积极支持职业教育，努力建设中国特色职业教育体系；要加大对农村地区、民族地区、贫困地区职业教育支持力度，努力让每个人都有人生出彩的机会。

作为经济发展的重要引擎，改革开放以来职业教育为各行各业培养了数以万计的技能人才，对社会发展、推动就业和改善民生做出了不可替代的贡献。面向2035年教育现代化，职业教育大有可为，也应当大有作为。大力推动职业教育发展，要从完善、健全职业教育人才培养质量标准入手，以职业需求为导向，提升职业技术人才的思想水平、专业知识、专业素养和可持续发展能力。

（一）坚持立德树人，加强德育课程教学工作

《中国教育现代化2035》指出，要把立德树人贯穿于职业教育各环节，把立德树人的成效作为检验学校一切工作的根本标准。政治思想工作是职业学院各项工作的生命线，推进职业教育必须坚持立德树人，加强德育课程教学工作。为培养技术技能人才的工匠精神，应积极推动开展劳模、大国工匠进校园活动，加快落实好《制造业人才发展规划指南》，不断完善、实施职业教育制度标准，在职业院校专业人才培养方案指导意见和《中等职业学校专业目录》的基础上，颁布高职专业教学标准和实训教学条件建设标准，修订职业院校文化课程标准。此外，职

业教育要围绕服务国家、社会以及区域发展的要求，安排好技术技能人才的思想道德教育，做好人才导向预测，加强思想道德教育在课程与教学中的建设，并利用传统文化知识比赛、政治知识比赛等活动，加强传统文化知识的教育作用，加强学生思想建设工作。

（二）培养职业技术人才的工匠精神

高层次职业技术人才体现出职业技能与职业精神培养的高度融合，将个人情怀、理想灌注到技术实践活动中。在职业教育过程中，为培养学生爱岗敬业、精益求精的职业精神，要加强对他们的思想理念引导。要通过网络、电视等宣传手段，推动更多拥有强动手能力、服务能力的人才进入技术人才队伍，实现中国制造创新与发展。

（三）以职业需求为导向，构建多元化的职业教育发展格局

为形成多元化职业教育发展格局，职业院校应坚持以职业需求为导向，走校企集合、产教融合的办学路径，突出实践操作、应用的价值，主动对接企业与社会需求。同时，为进一步落实产教融合、校企合作的办学模式，要形成政策支持、企业协同、职业院校引进和网络宣传共同作用的人才培养模式。在政策方面，国家要研究深化产教融合的相关内容，制定推动乡村振兴、发展农村职业教育和培训的指导意见，推出一系列职业教育集团优秀案例，对有意向投资教育的企业给予扶植与政策支持。在推动现代学徒制发展的同时，不断总结并宣传优秀典型案例。

（四）完善质量保障机制

在职业教育发展中，加强质量保障机制要立足于对职业院校教学工作的诊断和改进。可以通过分类遴选职业院校管理500强工作案例，做好职业教育国家级教学成果奖评审工作，并推动各地落实《教育部关于进一步推进职业教育信息化发展的指导意见》。开展职业教育专业教学

资源库建设和应用，并在充分利用职业院校技术技能信息化大赛等形式的基础上，进一步整合现有的职业教育信息管理系统，建设职业教育信息系统，以信息化助推职业教育现代化，完善职业教育质量保障机制。

三、多样化高等教育人才培养质量标准是教育现代化的核心要求

教育兴则国家兴，教育强则国家强。高等教育层次是一个国家发展水平和发展潜力的重要标志。在进入中国特色新时代的今天，我国对科学知识和优秀人才的需求比以往任何时候都更为迫切。当前，我国已完成高等教育规模式发展，为加快一流大学和一流人才建设，走内涵式发展道路是我国高等教育发展的必由之路。

《中国教育现代化2035》提出，要制定符合时代发展的多样化高等教育人才培养质量标准。多样化高等教育人才培养质量标准要求各高校坚持分类指导，发挥办学优势，在不同领域各展所长，形成特色明显的优势专业，从而提高创新型、领导型、应用型人才培养质量，构建多样化的人才队伍。为培养学术型、应用型与技能型人才，高等教育在纵向上搭建起专科教育、本科教育和研究生教育三个层次，在横向上构建起学术型大学与应用型大学，并逐步推动学术型大学向应用型大学转型。① 但是，高等教育人才培养的支撑建立在对人本身的培养和学术创新的基础之上。没有专业人才培养的提升，没有对基础问题的研究和学术创新，国家要想实现现代化或者领先世界是不可能的。因此，为培养各个领域卓越人才和高层次科学研究者，教育部和相关部门出台多种人

---

① 孟凡芹．大众化高等教育人才培养质量标准体系模型构建——基于标准化系统工程理论视角［J］．高校教学管理，2017（2）：100-106.

才培养计划。《教育部、农业农村部、国家林业和草原局关于加强农科教结合实施卓越农林人才教育培养计划2.0的意见》提出：紧紧围绕乡村振兴战略和生态文明建设，坚持产学研协作，深化农科教结合，用现代科学技术改造提升现有涉农专业，建设一批适应农林新产业新业态发展的涉农新专业，建设中国特色、世界水平的一流农林专业，培养懂农业、爱农村、爱农民的一流农林人才，为乡村振兴发展和生态文明建设提供强有力的人才支撑，服务美丽中国建设。《教育部、中央政法委关于坚持德法兼修实施卓越法治人才教育培养计划2.0的意见》提出：坚持以马克思主义法学思想和中国特色社会主义法治理论为指导，围绕建设社会主义法治国家需要，坚持立德树人、德法兼修，践行明法笃行、知行合一，找准人才培养和行业需求的结合点，深化高等法学教育教学改革，强化法学实践教育，完善协同育人机制，构建法治人才培养共同体，做强一流法学专业，培育一流法治人才。为适应新一轮科技革命和产业变革的新趋势，加快建设发展新工科，探索形成中国特色、世界水平的工程教育体系，《教育部、工业和信息化部、中国工程院关于加快建设发展新工科实施卓越工程师教育培养计划2.0的意见》提出：面向工业界、面向世界、面向未来，主动应对新一轮科技革命和产业变革挑战，服务制造强国等国家战略，紧密对接经济带、城市群、产业链布局，以加入国际工程教育《华盛顿协议》组织为契机，以新工科建设为重要抓手，持续深化工程教育改革，加快培养适应和引领新一轮科技革命和产业变革的卓越工程科技人才，打造世界工程创新中心和人才高地，提升国家硬实力和国际竞争力。此外，教育部联合中组部、财政部启动实施“基础学科拔尖学生培养试验计划”，目标是在高水平研究型大学和科研院所的优势基础学科建设一批国家青年英才培养基地，建立拔尖人才重点培养体制机制，吸引最优秀的学生投身基础科学研究，形成拔尖创新人才培养的良好氛围，努力使受计划支持的学生成长为相关基础学科领域的领军人才，并逐步跻身国际一流科学家队伍。

多样化高等教育人才培养质量标准应关注以下几个方面的内容。

（一）加强思想道德教育，培养家国情怀

坚持高校正确办学方法就是要确保习近平新时代中国特色社会主义思想在高等教育战线落地生根。面向中国教育现代化2035，更要广泛开展大学生理想信念教育，深化中国特色社会主义和中国梦宣传教育，弘扬民族精神和时代精神。思想道德教育要求把学习贯彻习近平新时代中国特色社会主义思想作为高等教育的首要任务，并将其贯穿于高等教育改革发展的全过程，大力推进习近平新时代中国特色社会主义思想进教材、进课堂、进头脑，持续增强学生的道路自信、理论自信、制度自信和文化自信。

（二）培养学生的创新创业能力

创新创业教育是高等教育的重要组成部分，是加快高等教育发展的重要推力。《国务院办公厅关于深化高等学校创新创业教育改革的实施意见》明确指出，国家将创新创业教育改革作为高等教育改革的突破口和重中之重，并将学生所具备的创新精神和创业能力作为高等教育人才评价的重要标准。在进一步加快和推进高等教育人才培养与建设过程中，《中国教育现代化2035》再次强调，在提升学生的专业素养、培养学生的创新创业意识的同时，提高学生的能力。要建立健全创新创业教育课程体系，大力开展讨论式、启发式、演讲式、参与式教学，使学生充分融入创新创业教育过程中。此外，为确保学生有机会充分体验和参与创业活动，高校应为学生提供便捷化的管理方式，不断完善个性化人

才培养方案，通过形成创新创业学分积累转换的制度，允许创业学生适时调整学业进程，为创业学生保留学籍，允许学生通过休学等形式投入到创新创业之中。

（三）提升综合能力，引导大学生德智体美劳全面发展

当代大学生不仅要有精深的专业知识、以德为本的家国情怀，还应具备复合型的综合素质和创新思维。高等学校应全面强化体育工作，重视对学生身体素质和运动技能的测评，引导学生在体育锻炼中享受乐趣、增强体质、健全人格、锻炼意志。高等学校应全面加强和改进美育工作，追求以美育人、以文化人，开展开足美育课，从而提高学生的审美和人文素养。高等学校应弘扬劳动精神，教育引导学生崇尚劳动、尊重劳动，树立依靠辛勤劳动创造美好未来的观念，培养学生的实践动手能力、合作能力、创新能力。

（四）促进国际交流，提升高等人才培养的国际性

国际交流在全球化背景下对高等人才培养具有深刻的影响。为促进国际交流，我国应积极推进、主动服务国家对外开放战略，积极融入“一带一路”建设，加快与国外高水平大学形成联合培养的人才模式，逐步探索中国高校学生与其他国家学生的学分互换与学位体制机制，推荐国内优秀学生前往国际组织任职、学习，重点培养高校青年教师的国际交流能力，吸引国外优秀教师来中国大学任教，积极吸收国外优质教育资源，培养具有宽广国际视野的新时代人才。

第二节　完善职业教育与高等教育人才培养质量标准的必要性

完善职业教育与高等教育人才培养质量标准是教育改革发展的需要。

一、新时代对多层次技术技能人才的需求紧迫

2014年，习近平总书记就加快职业教育发展做出重要指示，要求各级党委和政府要把加快发展现代职业教育摆在更加突出的位置，更好地支持和帮助职业教育实现发展，为实现“两个一百年”奋斗目标和中华民族伟大复兴的中国梦提供坚实的人才保障。2019年两会期间，职业教育被多次提及，政府工作报告中明确提出高职院校要大规模扩招100万人。国家、政府、社会对职业教育及职业教育人才培养质量的关注度越来越高。

（一）高水平职业教育人才培养一直备受党和国家的关注

面向智能时代，教育领域受到前所未有的冲击，教育现代化建设呈现出特有的要求与速度。在产业结构升级与经济发展的时代背景下，各行各业对多层次技术技能人才的需求越来越紧迫，而人才培养严重落后于社会需求，职业教育的价值和重要性也随之越来越凸显。职业教育不仅是教育体系的重要组成部分，更在经济发展与社会创新中居于突出位置。改革开放以来，随着国家对职业教育的重视，我国经济发展与社会建设获得了充足的人才与智力支持，初步形成了现代化职业教育体系框架，已具备追求职业教育现代化的诸多有利条件和良好的工作基础。

《国务院关于加快发展现代职业教育的决定》提出要加快现代职业教育体系建设，深化产教融合、校企合作，培养数以亿计的高素质劳动者和技术技能人才。2019年2月，教育部职业教育与成人教育司委托教育部职业技术教育中心研究所编撰并发布《中国中等职业教育质量年度报告（2018）》，报告呈现了党的十八大之后尤其是2017年我国中等职业教育的水平与社会贡献率：从2012年开始，我国人口红利不再具有优势地位，劳动力人口开始逐年下降，但中等职业学校每年向社会各行各业输送了400万名以上毕业生，确保了新生劳动力的供给。2017年，全国中等职业学校承担各类社会培训特别是企业员工培训463.99万人次，为提升一线产业工人的技能水平、加强一线工人文化素养做出了独有的贡献。2017年的统计数据显示，全国共有中等职业学校1.07万所，招生582.43万人，在校生1 592.5万人。由此可见，职业教育已成为教育的重要组成部分，完善职业教育人才培养质量标准至关重要。

（二）完善职业教育人才培养标准是对职业教育问题的回应

改革开放后，职业教育得到了长足发展，成绩斐然，立德树人素养培育成效初步显现。根据麦可思的调查可知，职业院校毕业生在校期间人文素养大幅度提升。在技术技能人才就业率、月收入方面，各项指标稳中有升。以2016年高等职业院校毕业生为例，其就业率为91.5%，比2012年提升1.1个百分点；平均月收入连续5年增长，2016年为3 599元，比2012年提高31.8%。此外，在数字化学校建设方面，1 000多所高职院校参与建成国家专业教学资源库，新用户注册增加至42.9万户。

2019年，国务院印发《国家职业教育改革实施方案》，指出职业教育与普通教育是具有同样重要地位的两种不同的教育类型。明确职业教育的地位对于职业教育发展具有重大意义，但职业教育也应面对现实：与现代化经济体系和建设教育强国的要求相比，职业教育仍是短板，其服务社会的制度体系仍不健全，存在用于实训的实习实践基地尚需完善，服务模式和制度标准仍待健全，企业与学校合作办学的积极性不高，参与度不足，技术技能人才建设与发展的相关政策及配套设施有待加强，办学能力、办学效果及人才培养质量水平不一等问题。《2017中国高等职业教育质量年度报告》指出：有200多所院校专任教师到编率不足80%，部分院校生师比超过30∶1，难以有效保障专业教学质量；在国家财政辅助层面，高等职业教育发展急需央财专项引导。没有职业教育现代化，就没有教育现代化。在牢固树立“抓教育就是抓发展，谋教育就是谋未来”的发展理念时，职业院校要高举中国特色社会主义旗帜，始终坚持以习近平新时代中国特色社会主义思想为指导，以服务支撑2035年国家基本现代化目标、实现新时代中国特色社会主义发展的战略安排为动力，推动职业教育发展迈出新步伐。

（三）完善职业教育人才培养标准是适应新时代发展的要求

提升并完善职业教育人才质量培养标准，应在时代发展特征要求下明确职业教育发展地位，提出目标并形成相应的保障措施。在新时代背景下为何要加快现代职业教育的发展？现代职业教育是社会经济发展的助推器，是现代教育体系的重要组成部分。职业教育的快速发展奠定了实现教育现代化和国家现代化的基础。而加强职业教育的影响力和战略地位，需要面向时代发展构建完善的职业教育人才培养标准。职业教育高质量人才培养创新应从体制机制入手，在改革当前办学模式的基础上，深化产教融合与校企合作，为职业教育发展注入新的活力。面向中国教育现代化2035，职业教育需要更加注重融合发展，向社会开放，向产业开放，促进人才培养链与产业链、创新链有效衔接，从而实现教育与经济社会深度融合、协同发展。

二、多样化高等教育人才是现代社会的需求

教育是个体成人成才的过程。随着时代发展，高等教育不再是培养特定人才或某类人才的教育，而是要培养多样化人才。高等教育从以前的精英教育到今天的大众教育，门槛一再降低，单一化、模式化的人才培养标准已不再适应社会进步与高等教育的进一步发展，制定多元化高等教育人才培养质量标准成为实现高等教育现代化的基本前提。

（一）高等教育大众化要求形成多样化高等教育人才培养标准

人是社会关系的总和，也是教育的核心，对高等教育而言，高质量人才培养是其工作的重中之重，无论是教学、科研还是社会活动，都以人为核心。随着高等教育大众化与社会分工精细化的发展，精英教育的人才培养模式已不能适应高等教育的发展和社会对人才多样化的需求，单一化、精英式的人才标准严重限制了大众化时期高等教育的发展速度和人才培养质量。[①] 因此，开展关于人才培养质量标准的研究对建立高等教育人才培养体系理论模式具有重要的现实意义。众所周知，高等教育代表了一个国家与民族的智能基础和发展潜能，是建设教育强国和实现中华民族伟大复兴的人才工程。面向2035年，世界朝着全球化发展，社会朝着智能化前进，国家现代化和建设教育现代化强国的目标已经树立，提升高等教育人才培养质量、加快科技发展的任务从未如此迫切。因此，高等教育应立足大众化阶段的综合需求，打破固有的人才培养标准，培养一大批有理想、有素质、有本领、有能力的新时代优秀青年和

---

① 高宝立. 制定教育质量国家标准的重要意义［N］. 中国教育报，2011-11-01.

专门人才。

（二）多样化高等教育人才培养标准是高等教育突破发展瓶颈的出路

高等教育是高素质人才培养的摇篮与基地。自新中国成立以来，高等教育在曲折中发展。20世纪80年代，在潘懋元先生带领下，我国逐步形成高等教育研究体系，并在学科、专业发展方面取得成就。随后在高校扩招政策、“985”项目、“211”项目乃至教育部最新出台的“双万”计划的激励下，高等教育的发展速度、规模及质量提升达到前所未有的高度。迈入新时代后，高等教育理论研究与实践发展更是取得令人瞩目的成就：中国加入《华盛顿协议》，国际交流水平显著提升，科研成就及创新转化率显著提升，等等。然而在看到硕果累累的同时还必须认识到，高等教育人才培养中仍然存在许多问题，如本科教学地位不够突出，应试评价标准抹杀了人才培养的多样性，教育理念先进性仍待提升，教育资源分配严重失衡，等等。这些问题为高等教育进一步发展和转型升级带来障碍和限制。因此，高等教育必须在自身发展需求的基础上，积极主动地适应国家发展和世界高等教育发展的新趋势，始终坚持以人才培养为核心，落实教育教学活动的基础地位，坚持人才培养的多样性，开创高等教育发展和高水平人才培养体系的新局面。

第三节　完善职业教育与高等教育人才培养质量标准的途径

2019年5月，教育部等六部门印发《高职扩招专项工作实施方案》，指出在贯彻落实高职大规模扩招100万人的背景下，职业教育的发展要实现有序推进，加快培养国家发展急需的各类技术技能人才。2019年4月，教育部启动实施“六卓越一拔尖”计划2.0，全面振兴本科教育，提高人才培养质量。制定多样化高等教育人才质量培养标准是建设卓越学科、培养拔尖人才的前提与基础。

一、健全职业教育人才培养质量标准的建议与措施

职业教育应坚持面向市场、服务发展、促进就业。坚持市场导向是符合职业教育发展规律的，只有把人才培养的标准、内容、过程与市场发展、企业行业需求相结合，才能提升职业教育办学能力和人才培养质量。职业教育应当坚持立德树人的教育理念。教育本身具有强大的人才培养功能，其本质是使人成为人，然后才是使人成为社会人，成为一个有技能的人，这是教育的本质和价值。加快职业教育现代化发展，推动职业教育人才培养层次提升，需进一步从以下方面采取措施。

（一）完善教育质量标准体系，构建职业教育国家标准

在职业教育特点和人才培养目标的指引下，国家应围绕不同层次职业院校特色和需求予以相应的资源配备，例如提供对应数量的教师、符合国家标准的生均拨款以及满足智慧校园建设的设备等，并伴随社会发展，健全职业院校办学条件标准动态调整机制。职业教育国家标准的建

设是职业教育教学发展的基础，“1＋X”证书制度、高质量职业培训及学习成果的认定、积累、转化机制对提升职业教育人才培养的认可度具有重要意义，是构建更加开放畅通的人才成长通道和服务全民的终身学习体系的重要基础。

（二）职业教育的发展离不开产教融合、校企合作

为积极促进“双元”育人，落实知行合一、工学结合的育人理念，职业教育应不断加强与企业行业合作，建立一大批高水平技术技能人才育人基地，打造高技能高水平的“双师型”教师队伍，在优化人才培养专业结构的同时坚持面向市场与以就业为导向的办学方向。要有效推进产教融合、校企合作的发展，首先要建立行业职业教育教学指导委员会，提升行业举办和指导职业教育的能力。其次，要发挥企业重要办学主体的作用。各级政府可按规定给予适当支持，鼓励企业举办高质量职业教育。最后，建立产教融合型企业认证目录，对通过认证的企业给予“金融＋财政＋土地＋信用”的组合式激励。对企业举办的职业院校按规定给予支持，并将办学情况纳入企业社会责任报告。到2022年，培育约1万家产教融合式企业，初步建成300个示范性职业教育集团（联盟）。以开展产教融合建设试点为抓手，推动有较强代表性和改革意愿的职业院校（职教集团）与企业合作，探索建立城市为节点、行业为支点、企业为重点的产教融合新路径新模式。支持和规范社会力量兴办职业教育，探索建立健全民办职业教育负面清单制度，依法依规发展股份制、混合所有制职业院校。

（三）加强职业教育治理能力与办学质量督导评价，完善现代职业院校制度

建立学校、行业、企业等共同参与的学校理事会或董事会，加强思

想建设，坚持学校内部党委领导下的校长负责制，完善高等学校法律顾问、理事会、教职工代表大会、学生代表大会、学术委员会等制度，扩大院系自主权，推动行政职员化、后勤社会化发展。

建立职业教育质量评价制度，完善职业教育督导评估体制，支持组建国家职业教育指导委员会。通过购买服务等方式，委托第三方机构开展教育评价，充分发挥专业评估机构的作用，提高教育评价的专业水平和公信力。鼓励具备条件的行业组织参与教育教学标准制定、教学质量监测和教育评价工作。

（四）完善职业教育师资建设

在师资建设方面，职业技术师范院校是职业教育师资培育最为重要的平台，应强化其人才培养质量意识，为职业院校提供德技兼备的卓越师资。实施职业院校教师素质提高计划，建立100个“双师型”教师培养培训基地，分专业建设360个国家级教师教学创新团队。落实全员轮训制度，实施5年累计不少于6个月到企业实践的制度。逐步规范职业院校教师从业标准。对高层次人才、高技能人才通过直接考核的方式引进，支持职业院校专设流动岗位自主聘任兼职教师。

（五）加强职业教育与劳动教育课程体系改革

完善产教结合、科教结合的职业教育与高等教育课程开发机制，根据科技发展、产业进步与职业需求对人才能力的要求开发设置课程，加强职业教育与高等教育选修课程建设，构建更加灵活开放的课程体系。

建立完善的学生实习实训和社会实践保障激励机制，落实社会企事业单位育人责任。在中小学开展劳动和职业启蒙教育，在职业院校全面推行产教融合、校企合作的人才培养模式，积极推行职业教育项目教学、案例教学、情境教学和工作过程导向教学，注重培养学生工匠精神，加强公共基础课教学，为学生职业发展奠定较为扎实的科学文化基础。

二、制定多样化高等教育人才培养质量标准的建议与措施

《中国教育现代化2035》提出："通过分类设置、分类指导、分类支持、分类评估，引导高等学校科学定位、特色发展。持续推动地方本科高等学校转型发展，建设一流学校、一流专业，建成一批对区域和产业发展有较强支撑作用的高水平应用型高等学校，涌现若干具有较高国际知名度的学校。"为推动高等教育的进一步发展，制定多样化高等教育人才培养质量标准应从以下几个方面入手。

（一）坚持立德树人，强化当代大学生思想道德教育

习近平总书记指出，要高度重视青年一代的思想政治工作。思想政治教育是帮助青年一代形成正确人生观、价值观、世界观的重要方式，是促进青年一代坚定理想信念的根本保障。只有具备成熟的思想水平，才能始终走正确的发展道路，做新时代中国特色社会主义事业的建设者和接班人。高等院校应落实好立德树人这一根本教育目的，从以下几个方面提升当代大学生的思想道德水平：（1）校园环境与文化建设。环境具有潜移默化影响进而塑造人的作用，开展具有鲜明政治特色和红色革命情怀的校园文化活动，加深学生接受思想道德教育的代入感。（2）实现思想政治教育进课堂、进教材。在通识类政治公共课程之外，高校还要将思想教育与专业教育相结合，在一般课程中渗入爱国主义教育、历史文化教育等内容，增强学生的荣誉感与自豪感。教材是国民意识和文化知识的重要载体，高校应重视思想政治教材建设，充分发挥教材的思想传递作用。（3）强化高校党组织教育与活动建设，在党员的带领下激

发大学生学习党史党章、参与党建活动的热情。

（二）建设高素质教师队伍，加强师德师风建设

高等教育发展要依托一支高素质专业化创新型的教师队伍。近些年，国家为加快提升高校教师队伍整体质量，先后推出“长江学者奖励计划”“千人计划”“天山学者高层次人才特聘计划”等重大人才培养工程，积极引入海外优秀人才和优秀科研团队，加强对青年人才的关注和培养，以更有利的机会、更强大的平台、更有效的资源为高校卓越师资建设奠定基础。同时，结合我国优质教育资源和师资分布存在区域性差异的现实，国家逐步采取相关措施，推动优秀人力资源向中西部倾斜，加大对中西部高校人才队伍建设的支持力度，加快推动中西部高校吸纳优秀人才，实现高层次人才资源的区域性协调发展。在此基础上，实施“以评促建”。“评”包括两部分内容：一是对教师德行的评价，对失德教师实行一票否决制，严格把控高校教师师德与思想道德建设；二是对高校教师教学与科研能力的评价，不断改革高校教师职称评审制度，加强本科教学在评审中的地位和作用。

（三）推动信息技术与多元人才培养的整合

信息技术已成为推动教育教学改革的突破口。尤其是智慧校园建设之后，信息技术已经融入人才培养的全过程。学生的基本信息、成长轨迹和日常生活都以大数据的形式收集起来，大数据分析的结果是为学生提供定制化的教学模式和内容的依据。课程网络化是信息技术在课程领域的运用，当前高校为建设优质教学资源库、优化教育教学内容推进了一大批在线开放网络课程的建设，并以MOOC（慕课）、智慧树等课程库平台为基础扩大高校通识课程的选择范围，推进高层次人才培养与教育教学活动的线上线下同步进行与混合式发展，实现优质教育资源共建

共享。

（四）加强课程体系建设，构建更加灵活开放的高等教育课程体系

课程是人才培养的核心和基础。要推进不同课程内容横向衔接、不同课程阶段纵向贯通的人才培养模式，在灵活开放的课程体系基础上实现多样化高层次人才培养。可以通过以下措施强化高等教育课程体系建设：（1）加快推进学分制度改革。要建立灵活的学分制度，一方面加强对学生的基础知识教育和专业能力培养，另一方面允许有能力的学生以足够的学分提前毕业，并允许其跨学科选修，增强学生学习的灵活性、主动性和自主性。（2）强化课程管理与课程评价。我国高校长期存在“严进宽出”的固化问题，导致高等教育人才培养很容易出现严重的两极分化问题。这一方面是由教育体制本身造成的，另一方面也是课程评价本身的问题。因此，高等教育人才培养质量改革要着重关注课程管理与评价活动本身，利用现代信息技术强化课程教学全程监控，并形成多样化课程考核体系，提升课程标准要求，以严格的标准和制度来提高高等教育人才培养质量。（3）充分利用现代信息技术变革课程教学形式。在智慧校园与智慧教室建设的基础上，大力推行翻转课堂等教学形式，提高学生的求知欲望和自主学习能力。

（五）完善协同育人机制

高层次人才多领域协同培养是提升高等教育人才质量的重要措施。协同育人机制的优势在于推动资源、师资、实践基地的共同建设与共同管理。完善协同育人机制需着重考虑以下几个方面的内容：（1）协同育人机制需要相应的制度保障，国家应从顶层设计的战略视角为高校协同育人创设政策环境、制度支持和交流机会，为高校、科研机构、企业和

其他社会组织交流合作提供机会与平台。(2)统一规划高新产业用地，推进资源协同共建共享。例如大学城的设置，将大学、科研机构、高新产业统一归到同一区域，既提升了该区域的科技水平，又增强了该地的交流与资源共建能力。(3)形成人才交流的合作机制。高校可以专设校园开放日，邀请其他领域人士前来参观，这既是对高校实力的展示，也便于高校与其他机构在认同基础上形成合作。

(六)促进海外交流，鼓励支持高校走出去，共建一批人才培养、科技创新与合作、人文交流基地

构建中外教育交流合作新格局，首先要全面深化教育国际交流合作，完善学校、师生与国外双向交流合作机制，鼓励更多的学校与海外优质学校建立伙伴关系。扎实推进“一带一路”教育行动，加快培养非通用语种、涉外法律等“一带一路”建设急需人才，积极稳妥推进职业院校、高等学校与企业共同走出去，共建一批人才培养、科技创新和人文交流基地。充分利用海外优质教育资源培养我国紧缺人才。其次，要加强统筹规划，进一步完善管理，优化出国留学服务，集中公派留学资源培养国家急需人才。加强对自费留学生的服务和管理，完善优秀自费留学生奖学金资助政策，健全留学生归国就业创业优惠政策，加强海外留学人才引进和成果转化，吸引更多优秀留学生回国工作、为国服务。再次，要注重提升留学人才教育质量水平。打造国际留学中心，实施留学中国计划，发挥政府奖学金作用，改进资助方式和选拔办法，优化留学生就读学科专业结构，提升留学生来华的数量与比率，形成较为完善的留学质量保障机制，全面提升来华留学生质量。构建来华留学社会化专业化服务体系，完善来华留学生勤工助学和优秀毕业生在华工作制度，做好来华留学生校友工作，打造“留学中国”品牌。最后，要为

侨胞海外教育提供更加便捷的条件。海外侨胞是中华民族的重要组成部分，其教育与发展与我国存在血脉相连的紧密联系。当前我国共有5 000多万名海外侨胞，为广大侨胞提供良好教育资源对传承中国优秀传统文化、提升国家魅力具有重要作用。

第六章　建设教育资源要素与办学条件标准体系

创立一所优秀学校的首要条件是确立办学条件标准。为实现2035年中国教育现代化的目标，有必要进行前瞻性分析，建立以师资配备、生均拨款、教学设施设备等资源要素为核心的标准体系和办学条件标准动态调整机制，推动各种资源要素标准落实到位，发展中国特色世界先进水平的优质教育。

第一节　完善教育资源要素标准体系

教育资源要素标准体系的建立要贯穿幼儿园、中小学、大学等各级各类学校的人才培养目标要求，该体系涉及师资队伍建设、教育经费投入、教学软硬件建设等诸方面。

一、教育资源标准面临新挑战和新问题

首先，各级各类学校的师资配备尚不能满足教育现代化需要。新时代，世情、国情、社情都发生了深刻变化，对教育事业尤其是对教师的学历、素养、能力等提出了更高的要求。而当前教师队伍发展尚不均衡，城乡之间、学校之间、地区之间的教师数量、教师质量发展不平衡不充分，骨干教师配置存在明显的校际差异，教师的战略定位、目标任

务、权利义务、管理体制、保障机制等亟须进一步完善。

其次，教育经费不够充裕，生均拨款投入任务艰巨。与世界中上等收入国家相比，我国教育经费投入的绝对值和相对值均处于较低水平，经费投入不足与教育事业改革发展需求之间的矛盾仍然比较突出。比如：义务教育经费保障水平不高，非义务教育尚未建立科学、合理的成本分担保障机制；监督和责任追究机制不健全，法律规定的教育投入目标和增长需求之间没有完全落实到位；义务教育资源在城乡间、地区间、学校间分布不均衡问题仍然突出；管理制度不健全，教育经费使用效益有待提高；等等。教育经费短缺依然是教育事业发展的瓶颈，难以满足国家和广大人民群众对教育规划发展与教育质量的期望。

最后，信息技术的飞速发展对设施设备建设提出了新挑战。随着我国《教育信息化十年发展规划（2011—2020年）》的落实和《教育信息化2.0行动计划》的推行，教育大数据、云计算、人工智能等新技术对各级各类学校的设施设备资源配备提出了新要求。目前，我国初步形成了“天地合一”的教育信息传输网络。但是，中国教育和科研计算机网主干网只通达了省会城市和主要计划单列市，主要服务对象是大学，尚没有能力为全国各级各类学校及其他教育机构提供接入服务。中国教育卫星宽带传输网虽覆盖全国，但主要是窄带单向广播式传输，不能满足学校的宽带互联网接入要求。一些经济较为发达的省份和部分西部省会城市利用地方财政或中央财政专项支持，搭建起了省级教育网或教育城域网，但还未覆盖到县一级地区。高校以外的广大中小学、职业院校、培训机构等各级各类教育机构，大多通过当地电信运营商接入互联网。由于我国幅员辽阔，地形复杂，很多地方地面网络难以到达，而且建设和运维成本极高，特别是部分农村地区、边远地区、民族地区和边防哨卡，问题尤为突出。使全体学习者共享网络服务是面向新时代实现教育公平和义务教育均衡发展的硬性条件，也是当前完善教育资源要素标准体系的重要前提。

二、完善并落实各级各类教育资源标准

完善教育资源标准的首要条件是加强师资队伍的建设。2018年《中共中央国务院关于全面深化新时代教师队伍建设改革的意见》提出师资是第一资源。面向2035，完善并落实教育资源标准急需培养各级各类智慧型教师，建设专业、创新、高素养的智慧型教师队伍。智慧型教师是学校人力资源的核心组成部分和教育的首要实践者。智慧型教师的“智慧”来自对先进教育理想的执着追求和对科学教育规律的专业把握，是教师扎实的教育专业知识、学科与跨学科知识和从客观教育规律出发开展教育教学工作的能力的统一体。

完善各级各类教育资源标准需要依据不同学段特点和不同育人目标进行。对于学前教育阶段而言，师资是最缺的资源，“入园难”仍然是阻碍学前教育发展的重要问题。随着“一村一园”政策的落实，越来越多的民办幼儿园得以建立，入园儿童数量成比例增长，但同时，个别地区也出现把废旧的工厂加以改造来创办农村幼儿园的不规范现象。因此，必须加强学前教育的人才培养，加大对幼儿园的投入，严格监控幼儿园的师资配备、生均拨款、教学设施设备等资源的配备过程。对于基础教育阶段的资源标准而言，设施设备配备与相关技术人员配备达标是完善教育资源标准的重点。从2012年到2017年，小学生师比、初中生师比与普通高中生师比都在不断降低，2017年专任教师学历合格率

达到98.15%，比上年增加0.24个百分点，[①] 师资配备标准落实到位。而与此同时，基础教育资源建设中有所不足的是设施设备的配备与管理情况。目前我国各级各类学校的体育运动场（馆）面积、体育器械配备基本达到《国家学校体育卫生条件试行基本标准》的要求，但音乐器材配备、美术器材配备、数学自然实验仪器、理科实验仪器的达标率有待提高，相关设施的建设与管理有待进一步完善。对于高等教育阶段的资源标准而言，健全教育经费投入使用管理机制是急需解决的问题。另外，要鼓励引导社会资本投入教育，完善高等教育成本分担机制。

① 教育部. 2017年全国教育事业发展统计公报［EB/OL］. http://www.moe.gov.cn/jyb_sjzl/sjzl_fztjgb/201807/t20180719_343508.html.

第二节　建立办学条件标准动态调整机制

发展中国特色世界先进水平的优质教育，要着力健全师资配备、生均拨款、教学设施设备等办学条件标准，对各级各类学校的办学条件标准进行动态调整，以适应我国人才培养的需要。

一、办学条件标准面临诸多需要和挑战

学校教育发展需要以“达标”促“均衡”。《国家中长期教育改革和发展规划纲要（2010—2020年）》提出，到2020年要基本实现区域内义务教育均衡发展。义务教育均衡发展归根结底是通过义务教育资源均等化配置来全面提高义务教育的水平。《国家中长期教育改革和发展规划纲要（2010—2020年）》提出：“均衡发展是义务教育的战略性任务。建立健全义务教育均衡发展保障机制。推进义务教育学校标准化建设，均衡配置教师、设备、图书、校舍等资源。”均衡发展保障机制的建立和学校标准化建设是实现公共教育资源合理配置的主要途径。①

未来办学资源仍是一个问题。资源是教育发展的重要营养，适宜的资源配置是确保营养合理供应的重要手段。面对教育现代化2035，我国的教育资源配置仍存在诸多挑战和问题：一是经费投入与其他政策杠杆的协同配置问题。经费不是资源的全部，两者需要协同考虑。二是资源需求巨大与供给和配置主体相对单一的矛盾。当前政府承担配置主体和供给职责，优先发展城市，在一定程度上无法满足老少边

① 刘自成. 中国教育咨询报告（一）[M]. 北京：高等教育出版社，2012：78.

贫地区的需求。三是按标准统一配置与按需求多样化配置的矛盾，尤其是在区域、城乡和学校差距客观存在的情况下，这个矛盾更加突出。四是差异多样化配置与公平公正可能受损的问题。理想的配置是对缺少经费投入和政策把控的地区给予相应的支持，但这样做缺乏坚固的上位依据，操作难度大，另外还有可能滋生“寻租”的风险，导致该分配的没有分配到，反而加剧资源不均的情况，影响教育的公平公正。

二、寻求办学条件标准动态调整机制的有效策略

建立办学条件标准动态调整机制，需要有效推进学校教育的标准化建设。着力构建以权利公平、机会均等、制度公平、资源配置公平为主要内容的教育公平保障体系，让每个人都能公平享有接受优质教育的机会，用教育公平促进社会公平，用现代教育理念提高教育质量，把每一所学校都办成人民满意的学校，实现幼有所育、学有所教。全面提高教育质量，着力培养学生的创新精神和实践能力，促进每个学生的全面发展，持续优化教育投入结构和效益，转变教育发展方式，实现教育内涵式发展。让教育发展成果惠及广大民众，使全体人民在教育改革发展中有更多获得感、幸福感。

推进办学条件标准动态调整机制的建设，需要从师资建设方面出台教师流动的鼓励性政策。通过机制创新，引导、保障优秀人才有序合理流动，保证人才流动的公正性和有效性，鼓励优秀人才从中心城区学校向郊区学校、从城区学校向农村学校、从优质学校向薄弱学校流动，从国家层面上对流动教师的待遇做出统一规定，解除教师流动的后顾之忧。此外，国家也应进一步完善各级各类教育经费保障机

制，切实保障教师自身生存以及发展的权益，为教师积极自主流动提供坚强后盾。

达到薄弱学校办学条件底线要求、补齐短板，是建立办学条件标准动态调整机制的重要基础。为进一步加强全面改善贫困地区义务教育薄弱学校基本办学条件工作指导，面向贫困地区，聚焦薄弱学校，确保实现“保基本、补短板”工作目标，教育部办公厅、国家发展改革委办公厅、财政部办公厅印发了《全面改善贫困地区义务教育薄弱学校基本办学条件底线要求》。乡村小规模学校和乡镇寄宿制学校是我国教育体系的“神经末梢”，是农村义务教育的重要组成部分，在服务农村最困难群体、巩固提高义务教育普及水平方面发挥了重要作用。办好这两类学校意义重大，既是实施科教兴国战略、加快教育现代化的重要任务，也是实施乡村振兴战略、推进城乡基本公共服务均等化的基本要求，还是打赢教育脱贫攻坚战、全面建成小康社会的有力举措。必须加快推进这两类学校的建设。

建立办学条件标准动态调整机制，需要落实政府与地方有效沟通制度。《中国落实2030年可持续发展议程国别方案》指出，明确政府职责，要求各级政府承担起主体责任。既要加强横向的跨领域、跨部门协调，又要确保政策纵向落地，形成“中央—地方—基层”的有效落实机制。目前，中国政府根据2030年可持续发展议程的任务要求，已经建立了落实可持续发展议程部际协调机制，43家政府部门将各司其职，保障各项工作顺利推进。同时，地方政府也应当建立相应工作机制，推进开展落实工作，在完善教育质量标准体系的同时加强落实各级政府职能。

建立办学条件标准动态调整机制，必须革新观念，化解资源问题。

第一，建立广义的资源观与新型资源均等化的理念。教育改革发展的一切所需都应被看作资源，包括经费、硬件设施设备、改革政策、各种发展平台、机会等。应告别大一统的资源配置思想，建立新型资源均等化的理念，即均等不等于一模一样，均等是“标准+差异”，资源均等化配置即在一定标准上差异化地安排资源。这种观念和思想是素质教育多样化内涵式发展的必然要求。第二，定位调适。资源能否发挥最大价值，取决于资源配置是否做到适得其所，因此资源配置的价值取向和定位是必须明晰的问题。面向新时代，多样化、高标准的优质教育是主要挑战和追求，资源配置要综合考虑共性需求和个体差异，考虑外延式发展向内涵式转型的大趋势，就迫切需要建立起“标准为本、需求引领、内涵导向、形成生态”的基本定位，通过标准更新和提高、区域和学校差异照应、学校特色培育等策略，优化教育资源配置。第三，主体开放。资源配置主体多样化是发达国家治理教育的重要手段之一。对于纳入基本公共服务的基础教育来说，政府是资源的配置主体，也是资源的整合主体。一直以来，我国各级政府对基础教育资源总体采取“大包大揽”的做法，强化了政府的教育职责，但是一定程度上限制了社会资源服务基础教育的空间和渠道。面向2035全面发展中国特色优质教育的任务，我国必须建立以政府为主导、社会参与的资源配置机制，在办学的多个环节、育人的多个过程中，强化多元主体参与资源配置，形成资源配置的联合体。①

面对《中国教育现代化2035》提出的发展中国特色世界先进水平的优质教育，建立以师资配备、生均拨款、教学设施设备等资源要素为

---

① 徐士强. 面向2035的普通高中教育发展新境界［J］. 中国教育学刊，2018（9）：20–24.

核心的标准体系和办学条件标准动态调整机制是非常必要的，同时也是可行的。只有各种资源要素标准落实到位，标准动态机制层层深入，才能真正发展中国特色世界先进水平的优质教育，早日实现中国教育现代化。

第七章　加快推进课程体系建设

为充分反映当代中国马克思主义和世界科学技术进展，广泛吸收借鉴人类的优秀文明成果，当前必须加快建设适应新时代中国特色社会主义发展要求、门类齐全、学段衔接的课程体系。思想政治理论课是落实立德树人根本任务的关键课程，加快推进课程教材体系建设，要完善高等学校思想政治理论课建设标准和体系，要围绕发展加强学生的核心素养培养，科学规划大中小学课程，合理设置基本课程。在人工智能时代背景下，课程教材体系建设要充分利用现代信息技术，实现数字化教学环境与课程教学的深度融合和应用推广。

第一节　完善创新课程体系建设的主要内容

面向中国教育现代化2035，加强课程体系建设的主要内容包括：加强大中小学德育课程一体化建设，完善高等学校思想政治课程标准和课程体系；围绕学生发展加强核心素养的培养，科学合理规划大中小学课程；促进学科间融合，探索开发以培养综合素质为核心的跨学科课程和主题学习课程；在信息化的时代背景下，充分利用信息技术，创新并丰富课程形式，推进课程多样化。

一、围绕课程思想和课程衔接加强课程体系建设

加强课程体系建设，主要从以下两个方面入手：第一，将习近平新时代中国特色社会主义思想引入课程教材，完善高等学校思想政治理论课建设标准和体系，围绕学生发展加强核心素养培养；第二，科学规划大中小学课程，加强大中小学课程衔接。

（一）课程思想建设

思想政治理论课是落实立德树人根本任务的关键课程，是培养一代又一代社会主义建设者和接班人的重要保障。思想政治理论课建设主要涵盖以下三个方面。

一是将习近平新时代中国特色社会主义思想引入课程教材。要将“推动习近平新时代中国特色社会主义思想进教材、进课堂、进头脑”这一思想融入中小学课程，以道德与法治（思想政治）、语文、历史三科为重点，及时修订中小学课程教材。积极推动有条件的高中阶段学校开设习近平新时代中国特色社会主义思想选修课，开展主题式团课党课。统筹利用学校和社会资源，丰富中小学教学形式，通过课上课下、校内校外等多种途径，广泛开展丰富多彩的教育和实践活动，让中小学生在日常生活和学习过程中潜移默化地增强对习近平新时代中国特色社会主义思想情感的认同，强化道德规范，从小培育和践行社会主义核心价值观，扣好人生第一粒扣子。此外，健全习近平新时代中国特色社会主义思想研究成果传播机制。根据不同学段、不同学校、不同学习者特点打造一批学习习近平新时代中国特色社会主义思想的示范课堂，推出一批精品网络公开课，扩大受众覆盖面。

二是完善高等学校思想政治理论课建设标准和体系。以学习贯彻习近平新时代中国特色社会主义思想为核心，加强高等学校思想政治理论

的教育。建设一批全国重点马克思主义学院，加强高等学校思想政治理论课建设。鼓励有条件的高等学校开设面向本、专科生的“习近平教育重要论述”公共选修课。优化课程内容设置，强化课程育人功能，促使青少年不断树立远大的理想和信念，为中国特色社会主义共同理想和共产主义远大理想而奋斗。

三是思想政治教育要融入课程改革和教学过程的各环节、各方面，将立德树人的教学目标深度融入教学的每一环节。既要牢牢把握思想政治理论课的核心地位，又要充分展现其他课程的育人价值。坚持思想政治理论课改革创新的“八个相统一”，即政治性和学理性相统一，价值性和知识性相统一，建设性和批判性相统一，理论性和实践性相统一，统一性和多样性相统一，主导性和主体性相统一，灌输性和启发性相统一，显性教育和隐性教育相统一。

（二）围绕学生核心素养加强课程建设

课程是学校最重要的产品。在学生素养培养的背后，课程结构的变化直接影响着当前教育和课堂的格局。2014年《教育部关于全面深化课程改革落实立德树人根本任务的意见》指出：要研究提出各学段学生发展核心素养体系，明确学生应具备的适应终身发展和社会发展需要的必备品格和关键能力；修订课程方案和课程标准；把核心素养和学业质量要求落实到各学科教学中。2016年，《中国学生发展核心素养》发布。

围绕加强培养学生核心素养，科学合理地设置基本课程是《中国教育现代化2035》的题中之义。以《中国学生发展核心素养》中提出的人文底蕴、学会学习、科学精神、责任担当、健康生活、实践创新六大核心素养为基础，加强课程建设应包括以下几个方面。

第一，全面推进德智体美劳课程体系建设。树立起健康第一的理念，将健康教育纳入学校教育，全面强化学校体育工作，强化对学生身体素质和运动技能的测评，使学生在体育活动与锻炼中享受快乐、增强体质、健全人格、锤炼意志。坚持以美育人、以文化人，开齐开足美育课程，提高学生审美能力和人文素养，增强学生的文艺欣赏及创作能力。此外，引导学生崇尚劳动、尊重劳动，弘扬劳动精神，树立依靠辛勤劳动创造美好未来的观念。加强中小学劳动教育，统筹家务、校内、校外劳动，充分利用校内外劳动场所，创新劳动途径，确保劳动教育课时，充分发挥劳动综合育人功能。

第二，加强民族团结教育、生态文明教育、国家安全和国防教育，将法治教育纳入国民教育体系，加强宪法教育。在规划大中小学课程建设时，要充分考虑到将民族团结教育、生态文明教育、国家安全和国防教育、法治教育纳入课程体系当中，教育引导学生树立民族团结的意识，培养主动维护国家与国防安全的参与精神与能力。大中小学校要积极创建相关实践基地和学生活动平台，形成学校支持、教师引导、学生参与、社会合作的良性合作机制。

第三，开好中小学综合实践活动课程，促进学科间融合，探索开发以培养综合素质为核心的跨学科课程和主题学习课程。发挥中小学研学实践教育基地和营地作用，广泛开展考察探究、社会服务、设计制作、职业体验等活动，积极开展学校社会实践、志愿公益和创新创业教育，培养学生的社会责任感与动手操作能力，积极开展设计制作等实践活动，将创新意识、创新思维贯穿人才培养的全部过程，培养适应未来、引领未来发展的复合型人才。充分发挥国防教育综合育人的功能，开展内容丰富的国家安全和国防教育，提升青少年国家安全意识、国防意识和军事素养。另外，中小学要推行职业教育的项目教学、案例教学、情境教学等，普遍开展职业启蒙教育，注重培养学生的工匠精神，加强和改进公共基础课教学，为学生的职业发展奠定坚实牢固的科学文化基础。

（三）加强大中小学课程衔接

课程是教师开展教学活动的重要依据，是保证学校教育目标实现的重要途径，是集中反映和体现教育思想、观念的主要载体，也是学校特色品牌建设的核心与关键。《中国教育现代化2035》指出：科学规划大中小学课程教材体系建设，分类制定课程标准。大中小学课程一体化建设，主要包括两层含义。

第一，加强大中小学德育课程的一体化建设。按照循序渐进、由浅入深、有机衔接的原则，合理设计各学段德育教学内容和要求，促进各学段德育教学内容的纵向衔接和横向配合。在纵向衔接中，要以有效衔接、分层实施作为根本要求，紧密联系中小学课程改革和高校思想政治理论课建设；横向配合就是要打通第一课堂、第二课堂和第三课堂（网络空间）之间的联系，充分发挥第一课堂的主渠道作用，不断加强第二课堂的文化育人、实践育人作用，尽力提升第三课堂的教育内涵。三个课堂的内容与形式相互联系、相互影响、相互补充，形成“三位一体”教育模式，使家庭、学校和社会形成协同育人机制，发挥课程的综合教育效应。

第二，建立有机衔接的课程体系。创建普通高中教育和中等职业教育互通机制，探索课程互选、资源共享的机制，推进普通高中教育和中等职业教育协同发展。鼓励普通高中开设相关的职业课程与选修课程，探索开设大学先修课程，从而加强普通高中教育与职业教育、高等教育的衔接。

二、以现代信息技术创新课程体系建设

信息化是推进教育现代化的重要内容和关键途径。要适应信息化带来的知识获取与传授方式、教与学关系的革命性变化，以信息技术推动教学、管理、学习、评价等方面的改进。全面提升学校教育信息化水平和师生信息素养，推动教育教学方式、组织形式和学校管理治理模式的变革创新，以发展教育信息化带动教育现代化。

当前，教育信息化对教育教学的各个环节已发挥重要作用。数字资源已成为教学资源配置的重要内容，我国的信息化课程建设取得了许多成果。教育部于2003年启动在线“国家精品课程”项目，2014年中国大学MOOC上线，随后以“智慧树”等为代表的网络课程迅速成为高校开设通识课程的重要参照。面向中国教育现代化2035，要建成覆盖中小学各年级、各学科的优质数字教育资源体系。建设多元协同、内容丰富、应用广泛、服务及时的高等教育云平台，促进优质网络开放课程资源共享，为世界慕课建设提供中国方案。此外，人工智能发展下的虚拟现实体验、智能机器人和儿童编程已进入学校和课堂，学校管理也以大数据分析的形式逐步实现精细化发展。人工智能打破了时空的界限，在实现全面实时交互的同时，人工智能学习系统可以实时监控记录学生的学习过程，形成学习轨迹，最终通过智能化分析推进实现以评促教，实现个性化学习，这种智能技术为课程的实施、建设、评价提供了全新的视野和可能性。

实现课程体系的开放性是实现教育现代化发展的重要前提。国家应当支持有条件的学校选用国际高水平理工类专业课程教材，开发国际一流教学资源，发挥信息技术在教育各环节、各领域的重要作用。

第一，强化课程教材的思想建设。坚持把习近平新时代中国特色社

会主义思想贯穿课程教材建设全过程，实施学习习近平新时代中国特色社会主义思想的领航计划，组织优秀辅导员理论讲师团，开展“线上巡礼，线下巡讲”活动。持续推动32家省级高校网络思想政治教育中心建设，大力深化全国高等学校思想政治网络工作中心，统筹推动“易班”、中国大学生在线、高等学校思想政治工作网的共建共享，构建校园网络新媒体传播平台。

第二，利用现代信息技术开展中小学综合实践活动，将儿童编程等智能化教学融入中小学教育全过程。《中国教育现代化2035》指出，针对学习者的学习需求，要充分利用现代信息技术，丰富并创新课程形式，加大微课程、大规模开放在线课程、讲座式课程、综合实践活动课程等课程的开发力度，推行课程多样化。同时，在教育信息化2.0背景下，高等学校需进行跨学科的课程教材建设，积极探索跨学科学习的应用模式，加强信息化研究与实验教育信息化，出版跨学科课程教材。

第三，提升职业教育产教融合。落实《教育部关于进一步推进职业教育信息化发展的指导意见》，开展职业院校数字资源应用共享项目和职业岗位核心能力线上精品课建设项目，形成一批职业院校与企业互通的优质数字教学资源，引导职业院校形成教育信息化的资源应用模式。联合20个重点行业，遴选200个左右重点专业，建设1 000门左右职业教育精品课程，推出1万种校企合作开发的国家规划教材，建设千万个优秀“名师示范课堂”和智能化实践基地。

第二节 建设具备培养新时代人才能力的课程体系的价值意义

课程是国家教育内容、思想和目标的主要载体，课程的内容及质量直接影响学生未来的发展。课程不是一成不变的，随着时代的发展，课程也会出现一定的问题，课程体系建设需要根据国家、社会以及科学技术的革新而改变。因此，全面深化改革课程体系，整体构建具备体现时代特征、符合教育规律的人才培养体系，对于全面提高国家育人水平、培养引领未来的新时代人才具有重要意义。

一、新时代需要内涵更加丰富的课程体系

党的十八大以来，教育事业在国家、政府及学校的积极推动下取得了显著成就：社会主义核心价值观教育获得了深入推进，立德树人的根本任务得到了有效落实，学生的思想品德素质持续向好发展，教育现代化在多方推动下取得新进展。我国教育进入提高质量、优化结构、促进公平的发展新阶段，但值得注意的是，中国教育的现代化进程依然面临诸多挑战。从国际上看，社会信息化、文化多样化、经济全球化、世界多极化正不断深入发展，新一轮科技革命和产业变革蓄势待发，互联网、云计算、大数据等现代信息技术正深刻改变着人们的生产生活与思维方式，国际竞争日益激烈，各国人才的培养与争夺正逐渐成为焦点。因此，为应对人类发展所共同面临的重大课题及困难挑战、实现可持续发展的目标，重新构建现代教育体系、努力建设新的学习型社会、培养创新型人才成为关键。从国内看，我国人民对高质量、多样化的教育需

求日益增长，当前的教育体系和结构面临深刻的挑战。无论从当前推进经济转型升级，还是从促进经济和社会协调发展来看，都需要抓住教育这一最基础环节，推进教育优先发展，从而提高国家发展水平。面对世界革命性变革给教育带来的机遇与挑战，为实现人的全面发展，必须深化课程体系，面向2035年实现教育现代化的目标，加快推动课程体系的思想建设，努力推动课程体系的一体化、现代化发展。

新技术使课程改革更加开放生动，为课程改革提供了技术支撑。当今，大数据、人工智能、云计算等新技术不断发展，世界正发生着深刻而巨大的变革。如何完善现代信息技术与教育教学的深度融合机制，通过信息技术改造传统课程、变革教育方式，发挥其在课程改革中的积极作用是教育面临的一项重大课题。2018年，苏州大学有10门课程获批国家级在线开放课程，这是由学校打造的首批线上“金课”。而与华为公司合作建设的“云中苏大”则将实现全方位数字化，打造面向5G和物联网时代的现实与虚拟互动融合的大学新形态。基于互联网的开放性、互动性、共享性和个性化等优势，我们应突破时间、地点的限制，利用网络教学与大数据的便捷性来实施“一人一课程，一人一规划”的教育理念，从而实现新时代背景下课程形式的丰富化、课程育人功能的凸显化、课程服务教育的现代化。①

二、当前的课程体系仍然存在单一化和割裂化的倾向

自2001年新一轮课程改革以来，各相关部门和机构认真落实中央有关文件的精神，不断探索，积极实践，取得了显著成效。但在信息技

① 赵会利. 互联网背景下的高等教育改革路径［J］. 技术经济与管理研究，2018（2）：96-99.

术快速发展的时代环境下，学生的生活、成长环境也发生着深刻的变化。这些变化对当前的课程改革提出了更高、更新的要求。学生的思想意识和价值追求更加具有自主性、多样性和独立性。在国际社会竞争日益激烈的环境下，要进一步提高学生的综合素质、深入落实人才强国战略、培养创新型的人才，就必须加快推进课程改革，构建新时代现代化课程体系。

目前，从高校和中小学课程改革的总体状况来看，仍然缺乏整体的规划与协同推进，无法达到立德树人的要求，主要表现在以下几个方面：第一，重智轻德。学校只要求学生得高分和高升学率，忽视学生的全面素质发展与道德培养，导致学生缺乏创新精神、责任感和实践能力。2001年启动新课程改革时强调：小学阶段的课程要以综合课程为主，注重培养学生综合素质；初中阶段设置分科与综合相结合的课程，各地方要积极选择综合课程。但这样的课程设置要求并没有得到有效的贯彻落实。第二，高校、中小学课程内容没有做到有机衔接。部分学科内容存在重复交叉的问题，教材缺乏系统性、适宜性。从纵向看，各学段的课程缺乏衔接性，或各自独立，或重复学习；从横向看，学科与学科之间或学科内部的内容交叉重复，安排不够合理。第三，招生考试、评价制度与课程改革存在不适应、不配套的问题，制约教学改革的全面推进。课程改革没有触动核心问题——课程体系的重构，使得课程改革一直徘徊在课堂形式的变革范围内，缺乏深层的变革动力。这些困难和问题直接影响着立德树人的效果，必须引起高度重视，并切实加以解决。

三、课程体系是实现立德树人根本任务的重要保障

课程是国家意志的集中体现。全面深化课程改革，整体构建符合教

育规律、体现时代特征、具有中国特色的人才培养体系，是贯彻落实党的十八大和十八届三中全会精神的重大举措，也是提高全民素质、建设人力资源强国的重大行动。

新时期的课程改革任务在立德树人工作中发挥了重要作用。实现立德树人根本任务要坚持以“树人”为核心，以“立德”为根本，将育人与育才统一起来，把思想道德、理想信念教育摆在首位，将社会主义核心价值观融入学生发展的全过程、各环节，着力提高学生的道德品质和思想水平。具体表现在以下方面：第一，高校思想政治理论课是对大学生进行思想政治理论教育的课程，是社会主义大学的优势所在，应该成为高校人才培养的核心课程。第二，推进大中小学课程建设，建设适应新时代中国特色社会主义发展要求、门类齐全、学段有机衔接的课程体系。第三，满足学生成长发展需求和期待。其他各门课都要守好一段渠、种好责任田，与思想政治理论课同向同行，形成协同效应。第四，课程建设是教育内涵式建设的重要抓手，课程教学是学校的根本任务，是学校内涵式发展的根基所在。抓课程建设，就要抓精品课程，抓教材建设，抓教法改革，抓实践基地，抓教学成果，抓教学团队，等等。在这方面，国家实施了多个示范性教学教改项目，发挥了示范和引导作用，为未来课程改革的深入进行提供了有力参考。

第三节 面向2035建设现代化课程体系需要从内到外进行重构

加强面向中国教育现代化2035的课程体系建设的措施主要包括以下几个方面：第一，加强思想政治理论课建设，坚持把习近平新时代中国特色社会主义思想贯穿于课程建设的全过程，深化思想认识。第二，围绕学生核心素养规划课程。第三，加强大中小学课程一体化建设。科学合理设计各学段、各学科专业教学基本内容和要求，建设适应时代发展要求、门类齐全、学段衔接的课程体系。第四，利用现代信息技术，丰富、创新课程形式，推进课程多样化，优化教学资源，创新教学形式。

一、加强思想政治理论课建设

首先，要深化思想认识，将培养什么人作为教育的首要问题。正如习近平总书记所强调的，我们党立志于中华民族千秋伟业，必须培养拥护中国共产党领导和我国社会主义制度、能够为我国特色社会主义事业奋斗终身的有用人才。在这个根本问题上，必须旗帜鲜明、毫不含糊。办中国特色社会主义教育，就是要开好思想政治理论课，用习近平新时代中国特色社会主义思想铸魂育人。实践证明，只有牢牢掌握党对教育工作的领导权，加强党对思想政治理论课建设的领导，才能确保学校用科学理论培养人，用正确思想引导人，培养社会主义建设者和接班人。

其次，要明确各方责任、贯彻落实任务。习近平总书记对各级党委、学校党委提出了明确要求，必须落到细处、落到实处。对各级党委而言，要将思想政治理论课建设作为重要任务，将其提上重要议程。抓住制约思想政治理论课建设的突出问题，在工作格局、队伍建设、支持保障等方面采取有效措施。建立党委、党政、有关部门各司其事，全社会协同配合的工作格局，推动形成全党全社会共同努力办好、教师认真讲好、学生积极学好思想政治理论课的良好氛围。对学校党委而言，要坚持把科学治理和从严管理结合起来。学校党委书记、校长要发挥带头作用，带头走进课堂，带头联系思想政治理论课教师，积极推动思想政治理论课建设。只有这样，才能为思想政治理论课建设提供根本保证，让思想政治理论课课堂焕然一新。

再次，要建立一支数量充足、素质优良、专兼结合的思想政治理论课教师队伍。办好思想政治理论课，关键在教师，关键在发挥教师的积极性、主动性、创造性。习近平总书记在学校思想政治理论课教师座谈会上对思想政治理论课教师提出了政治要强、情怀要深、思维要新、视野要广、自律要严、人格要正的要求。思想政治理论课教师要做到三点。一是增强政治意识。落实立德树人根本任务的关键是开好思想政治理论课。思想政治理论课教师肩负着将社会主义核心价值观传递给学生的特殊使命。因此，信仰马克思主义、社会主义、共产主义是思想政治理论课教师的立身之本、从教之基。二是具备扎实的功底，将思想政治理论课讲活讲新。教师要善于运用习近平新时代中国特色社会主义思想这一马克思主义理论中国化的最新成果，将其作为指导教学过程的持续不变的理念，善用辩证唯物主义、历史唯物主义方法，创新思想政治理论课的形式。三是自身要正。思想政治理论课教师讲“三观”，讲的是真理的魅力、辩证的智慧、历史的启示和道德的力量，教师就是学生身边的现实“教材”和“案例”。

最后，要着力破解当前思想政治理论课实践中的难题。一是解决好思想政治理论课所存在的知识重复和内容偏颇的问题，解决思想政治理论课的一体化衔接问题，处理好本、硕、博课程的衔接问题，满足课程内容持续加深的要求。二是解决思想政治理论课内部横向贯通的问题。形势与政策课汇聚了其他各门课程的基本原理，集中体现了马克思主义中国化的最新实践，具有极强的综合性、实践性、时代性，是其他各门课程的拓展和延伸，应作为推进思想政治理论课教学改革的“示范田”。三是积极探索高校思想政治理论课话语体系创新，处理好马克思主义理论学科建设与思想政治理论课发展的关系，真正体现学科、学术、学生三位一体。

二、围绕学生核心素养规划课程

“加快教育现代化，办好人民满意的教育”“推进教育公平”需要从多方面提高认识，落实到核心素养培育上，主要包括四个方面：一是全体师生共同发展。将发展核心素养作为全体师生的目标。二是核心素养全面落位。将各学科核心素养与通用核心素养全面落实到学生的发展中。三是最大多数人满意。让尽可能多的人都能获得更好的发展，具备较高的核心素养水平。四是实现教育现代化目标。将人的现代化与核心素养发展过程紧密结合起来，着力培养能适应未来需要的高素质人才。

以核心素养为本位建设课程标准，是实现立德树人根本任务的重要环节。首先，从横向来看，课程标准的建设要以核心素养为本，要将核心素养的培养贯穿课程目标的确定、课程内容的选择、课程的实施与评价等全过程。从纵向来看，核心素养的养成贯穿整个教育阶段甚至人的发展始终，它的设定应与不同阶段学生认知、道德、情感的发展水平相适应，从而为达到立德树人的目的提供保障。

三、加强大中小学课程一体化建设

加强大中小学课程建设，首先要推进大中小学课程德育建设，增强大中小学德育工作实施成效。各地要充分认识到课程的重要性，以课程为统领，深入贯彻落实德育工作的要求，推动“一校一案”，完善德育工作的实施方案，切实加强大中小学课程德育建设。发挥社区、校外青少年活动基地、家庭的作用，创造有利条件保障课程实施。同时，建立大中小学德育课程管理的改进和反馈机制，全面提高大中小学德育课程建设水平。

其次，加快课程一体化建设进程。2017年，教育部等四部门联合印发了《高中阶段教育普及攻坚计划（2017—2020年）》，提出建立普通高中和中等职业学校的合作机制，探索课程互选、学分互认、资源互通。加快课程一体化建设进程，可以从两个方面入手：一方面，要完善高中与本科以及高职与本科的衔接机制，为学生进一步深造建立通道；另一方面，要完善普通高中和中等职业学校的合作体制机制，寻求互选课程、互通资源、学分互认的途径。此外，还应落实学校的自主办学权，鼓励学校办出独具特点和个性的高水平院校，并根据当地的社会需要发展特色优势专业。

四、利用现代信息技术丰富、创新课程形式

在信息化时代，要合理运用新媒体、新技术，将教学与信息技术深度融合，增强课程的时代感和吸引力，促进学生全面发展。

第一，利用信息技术提升思想政治工作水平。通过线上线下结合的形式，持续、全面开展思想政治工作。充分利用信息技术的优势转变授课方式，推进教学改革，优化思想政治理论课的教学管理过程。

第二，利用信息技术优化教学资源。信息技术为实现优质教育资源全面覆盖提供了可能。鼓励各学校研发服务于广大学生的高质量数字教学资源；鼓励各地方教育部门整合区域内的优质教学资源，并建立交流共享平台；鼓励各平台、各学校、各企业开展信息技术教学应用活动，促进平台交流及优质教学资源的开发和利用，提高教学资源质量。

第三，利用信息技术创新教学形式。面向教育现代化2035，信息技术不再是教育的陪衬，二者需要不断地融合。只有打破固有的教育生态体系，创新教学形式，才能引领和助推教育现代化。教育信息化对创新教学组织模式提出了诸多新要求。首先，探索人才培养新模式要以个性化为核心。学校应鼓励教师根据需要灵活选择教学资源，利用网络学习空间积极组织、开展教学活动，逐步实现“一人一空间、人人用空间”的教学模式，提升学生的信息素养和人文素养。在大数据分析的基础上，为学生提供个性化服务，制订符合学生发展需求的培养方案，支持基于核心素养的教学实践探索，完善教学组织管理制度。其次，开发个性化的教学资源。要深入、广泛地应用数字教学资源，提高学生的学习效果与学习效率。再次，充分利用现代信息技术，创新发展智慧教育。利用虚拟现实与增强现实技术，建设智能实验室、虚拟工厂等智能体验中心，以仿真实验教学的形式推行场景式、体验式、沉浸式学习，使学生获得身临其境的感受。最后，探索评价新模式。学校要充分利用信息技术提升教学管理与服务水平，细化评价过程，丰富评价方式，提高评价质量与水平，并利用智能化手段全程分析教师教学与学生学习、实践过程，探索大数据和人工智能支持下的综合素质评价，进一步提升教育质量，深化课程改革。

第八章　教材与教材制度建设

党和国家高度重视教材建设工作，强调：加强教材管理制度建设，注重教材的整体规划；健全教材的运行机制，规范教材建设的过程；增强教材的思想性，发挥教材的育人功能；建设专业化的编审队伍，提升教材的质量；建设一批国家教材重点研究基地，加强对教材重大理论和实践问题的研究；加强少数民族文字教材、特殊教育教材建设。

第一节　教材建设工作在曲折中向前发展

新中国成立以来，我国教材与教材制度历经多次调整，不断完善教材的运作流程，建立健全教材的管理机构。随着时代的发展变迁，社会对教材的需求也发生着改变，进行与时代相适应的教材改革已势在必行。

一、党和国家一直高度重视教材建设工作

新中国成立以来，教材建设工作一直备受党和国家的重视。人民教育出版社的成立，为教材建设发展提供了新的推动力。1986年10月，全国中小学教材审定委员会成立。随后，教材组织结构不断发展、完善。

党的十八大以来，党和国家更加重视教材建设。相关部门相继成立了教材组织与机构，把教材建设提到更高的水平。2017年，国家教材委员会成立。国家教材委员会按照学科专业和学段，设置了大中小学德育一体化、思想政治、高校哲学社会科学（“马工程”）、语文、历史、科学等10个专家委员会，成员涵盖学科专家、课程和教科研专家、一线教师。2017年，教育部设立了教材局，组建了课程教材研究所，建设了包括6 000多名大中小学教材编审专家的智囊库。以国家教材委员会为统领，各专家委员会、课程教材研究所、教材局等各司其职并协同合作，构筑成新时代教材组织体系化的新格局。

二、我国教材制度发展呈现螺旋式上升的态势

我国教材和教材建设的改革发展经历了多个阶段。1949—1966年，中小学教材体系初具规模，不断完善，形成了全国“大一统”的教材格局。1966—1976年，因为政治原因，中小学教材体系遭到严重的破坏，教材建设处于停滞甚至倒退状态。1976—1986年，中国进入改革开放新阶段，中小学教材建设也随之进入恢复重建期。①

随着教材建设的进展，教材制度也发生着变化。1985年1月，教育部颁布《全国中小学教材审定委员会工作条例（试行）》，指出：“今后中小学教材建设，把编写和审查分开，人民教育出版社负责编，省、自治区、直辖市教育部门可以编，有关学校、教师、专家也可以编，教育部成立全国中小学教材审定委员会负责审，审定后的教材，由教育部推

---

① 石鸥，李新. 新中国60年中小学教材建设之探析［J］. 湖南师范大学教育科学学报，2009（5）：5-10.

荐各地选用。”[①] 以1988年制定的《九年制义务教育教材编写规划方案》为转折点，教材建设实现了从编审合一到编审分离，从一纲一本到一纲多本、多纲多本的重要转变，教材制度建设取得了实质性的进展。2001年6月，教育部颁发了《中小学教材编写审定管理暂行办法》，教材由之前的审批制变成了立项核准制，教材审查实行国务院教育行政部门和省级教育行政部门两级管理的制度，教材编审制度的发展再次发生转折。此外，国家还制定了《中小学教材价格管理办法》《中小学教材编写审定管理暂行办法》《中小学教材出版招标投标试点实施办法》《中小学教材发行招标投标试点实施办法》等一系列政策文件，保障教材建设工作有序进行。

国家十分关注教材的长期发展问题。《关于“十五”期间普通高等教育教材建设与改革的意见》《教育部关于“十二五”职业教育教材建设的若干意见》《中小学少数民族文字教材编写审定管理暂行办法》等政策文件涵盖基础教育、高等教育、职业教育等各级各类教育，囊括汉民族与少数民族的教材管理办法。除此之外，国家还施行了免费提供教科书制度。

时至今日，我国教材建设工作取得了一定的成就，也积累了宝贵的经验。在不断探索与改进中，我国教材制度愈加完善，为教材建设的未来发展提供了良好的制度保障。

三、教材与教材建设发展仍存在诸多不足

教材建设经历了长足的发展，在教材管理、教材运行机制、教材规

---

① 全国课程专业委员会秘书处. 21世纪中国课程研究与改革［M］. 北京：人民教育出版社，2001：86.

章制度等方面取得了一定的成绩，但是现实中仍然存在着诸多复杂的问题急需解决。

（一）教材管理缺失

我国实行三级管理的教材体制，国家宏观调控的主体责任已经明确，但是地方和学校的教材管理责任尚未有效落实。学校教材管理机构不健全，教材建设主动性缺失，教材管理者不研究教学规律，责任落实不到位等现状导致教材建设的过程中问题频发。① 此外，监督评价机制的不完善导致了专项大中小学教材评价指标和标准的缺失，教材运行中编写、审定、出版、发行、选用、供应等环节出现了各种不规范的行为。

（二）教材编审不分，教材审定标准不完善

由于长期执行编审合一，教材编辑指导思想往往就是审定指导思想的基础，教材的审定标准常常在编辑指导思想上体现出来。高等教育教材的编写人员担任审定工作这种情况，极有可能会引发教材审定的不公平现象。而且，目前我国大中小学教材审定标准并不完善。在基础教育教材审定中，虽然早在1987年国家教育委员会就发布了《中小学教材审定标准》，但是教材的审定标准只是笼统的十几条原则要求，至今缺乏既符合总的审定标准精神又体现本学科特点的可操作的各科审定标准。② 而现实中，高等教育教材的审查更是宽松。由于教材审查制度不健全，又存在出版社和教材编写者追求利益这一情况，某些商业广告竟

① 刘学智，张振，王佳楠. 教育综合改革视域下大中小学教材制度体系建设：困境与路径［J］. 东北师大学报（哲学社会科学版），2018（6）：132–136.

② 郭晓明. 分级课程管理体制改革的几个迫切问题［J］. 教育理论与实践，2001（1）：15–18.

堂而皇之地出现在教材之中。更有个别教材，甚至出现了重大的政治性错误。①

（三）教材选用目录混乱

教材选用目录混乱会直接导致质量低劣的教材进入到教学实践中。在基础教育教材管理中，教育行政部门提供的目录和新华书店提供的目录并行，容易造成教材管理上的混乱，并在很大程度上降低了教育行政部门提供的目录的权威性。②而在现实中，没有针对教材选用目录的管理措施，导致对教材选用目录的执行不到位，未发挥其应有的作用。

（四）准入机制执行不足，淘汰机制不健全

没有保障落实教材准入机制，没有健全教材淘汰机制，将会导致教材市场出现鱼龙混杂的情况。当前中小学教材逐渐显露出同质化、低水平的弊病，高校教材缺乏思想性、科学性、时代性。有的教材思想性不强，有的教材创新性不足，部分教材内容陈旧，部分教材的严谨性不够。作为意识形态较强的学科，如语文、政治、历史等，甚至出现了某些版本的内容与国家要求不符、观点与国家提倡的主流观点有较大出入的问题。③对于市场上质量存在严重问题的教材，必须加以督导使其退出市场，引入竞争机制，激励各界编写更高质量的教材，使教材建设满足新时代人才培养和社会发展的需要。

---

① 臧爱珍. 关于中小学教材建设的几点思考［J］. 课程 · 教材 · 教法，1999（4）：31–33.

② 张恰. 我国中小学教科书选用制度现状分析与改革策略研究［J］. 现代中小学教育，2005（8）：21–23.

③ 杜尚荣，李森. 我国中小学教材多样化建设30年：历程、问题及对策［J］. 课程 · 教材 · 教法，2016（6）：33–41.

第二节　新时代下的教材建设是国家意志的集中体现

教育现代化是兴国强国、国际竞争的需要，而教材是教育教学的重要媒介。在新时代背景下，教材是一个国家文明程度的体现，是中国优秀传统文化的载体，教材建设是学生的铸魂工程。

教材建设承载着提升国民素养的重要任务。教材不仅仅是知识的载体，更是国民素养培养的计划书。新中国成立以来，党和国家就高度重视教材建设。习近平总书记多次对推进教材建设做出重要批示。教材建设是育人育才的重要依托。建设什么样的教材体系，核心教材传授什么内容、倡导什么价值，体现国家意志，是国家事权。《中国教育现代化2035》是国家层面对新时代教材建设的顶层设计，从战略意义上整体规划与引领教材建设，探索教材在人才培养过程中体现国家意志和明确主流价值的导向作用，深入挖掘教材的育人功能。

教材是传承中华文明的重要载体。要站在中国特色社会主义薪火相传、后继有人的高度编写教材。一方面，要深刻认识到教材建设是培养学生爱国情怀、增强民族凝聚力、培育文化自信的伟大工程；另一方面，要讲好中国故事，将中国优秀传统文化、中国新思想及概念内涵以易于理解的方式在教材中进行阐释，展示中国的优秀文化底蕴和中华民族精神，让中国的教材成为展现中国国家形象的名片。

教材建设是当前国际上教育改革的重大突破口。《中国教育现代化2035》出台，是时代所需。当今是一个大发展、大变革、大调整的时代，是一个各种思潮竞相迸发、各种思想相互碰撞的时代。一流的教材是培养一流人才、实现教育现代化的重要基础。新时代背景下，国家交往密切，各种思想不断涌入，弘扬正确的思想观念就显得尤为重要。因此，需进一步加强教材思想建设，重视意识形态教育，通过教材传输正确的价值观，培养学生的爱国主义、爱社会主义思想，引导学生树立正确的国家观。

教材是教育教学的根本之源。教材是教师教和学生学的依据，是不可缺少的教学工具书。对于学生来说，教材是精神食粮，是学习的重要资源。教材在学生的思想形成、知识学习中占有非常重要的地位。青少年有很强的可塑性，他们接受什么样的教育，决定了他们将会成长为什么样的人。在他们世界观、人生观、价值观形成的关键时期，为他们提供高质量的教材尤为重要。

第三节　教材建设在政策助推下不断前进

教材体现党和国家意志，反映人民重大关切。为贯彻落实《中国教育现代化2035》提出的目标，对教材建设的探索可以从以下五个方面着手：一是重视教材思想建设，二是健全教材管理体制建设，三是完善教材运行机制建设，四是重视教材理论研究，五是加强少数民族文字教材和特殊教育教材建设。

一、重视教材思想建设

《中国教育现代化2035》提出要发挥教材育人功能。任何国家的教材都要体现而且应当体现国家的意志与精神，这是毋庸置疑的。习近平新时代中国特色社会主义思想是推动教育现代化的根本遵循，要推动习近平新时代中国特色社会主义思想进教材、进课堂、进头脑，并贯穿于教材建设的各环节。同时，弘扬中国优秀传统文化，将优秀的传统思想观念渗透到教材中，为广大青少年打上深深的中国烙印。

（一）研究教材建设的思想理论

以高校为依托建设学习习近平新时代中国特色社会主义思想的研究中心、中国特色社会主义思想研究中心或者学院，系统学习马克思主义中国化的理论成果，深入开展马克思主义中国化思想研究阐释，搭建学术交流平台，产出一批高质量、有深度、有分量的研究成果。此外，还可以联合大中小学协同建立思想政治理论课教材研究基地与德育一体化教材研究基地，构建更加完善的哲学社会科学研究创新平台，挖掘其他课程中蕴含的思想政治教育资源，发挥基地的研究指导功能，提升教材的编写水平和专业性，提升思想政治工作质量。

（二）关注教材蕴含的思想内容

青少年时期是人生成长的重要阶段，需要精心呵护，用心引导。统编教材是高质量教材的表率和代名词，对意识形态属性较强、涉及国家安全等内容的教材更应该实行国家统一编写、统一审查、统一使用。对义务教育阶段已经编写好的统编教材要保证用好、用准确。建立重要思想进教材的制度化、常态化机制，厚植学生的文化底蕴，传承红色基因，建设适应新时代中国特色社会主义发展要求的教材体系。

（三）正确传达教材中的思想观念

教材现代化，不仅仅是内容的现代化、形式的现代化，更重要的是师生如何对待教材、如何使用教材的观念的现代化。要使教师将正确的现代化观念传授给学生，就必须确保教师讲好教材、用准教材，坚持教育者先受教育，建设一支政治素质过硬、业务能力精湛、育人水平高超的专业化教师队伍，为教育现代化提供有力支撑。师德师风是评价教师的第一标准，要引导广大教师深刻理解掌握教材的科学体系和丰富内涵，鼓励教师带头践行社会主义核心价值观。基础知识是骨骼，新时代思想是血液，教材要注重夯实基础知识，教师要将新时代思想融入教材中，融入学生的思想，努力成为先进思想文化的传播者、学生成长的引路人。

二、健全教材管理体制建设

完善统一领导、分级负责的教材管理体制，首先要落实教材建设国家事权，加强对意识形态较强的教材的统一建设和管理。其次要根据不同学段、不同学科专业、不同类型教育的教材特点，实行差异化管理，强化国家、地方和学校分层管理。此外，切实完善教材管理工作还需要发挥国家教材委员会的统筹作用，从顶层设计着力，提高教材建设的规范化水平。

（一）坚持统筹为主，注重整体规划

国家教材委员会站在全局的战略高度，担负起为国家教材建设保驾护航的重要职责。国家教材委员会委员的职责在于深入开展教材重大理论和实际问题研究，加强关系教材建设全局和教材建设规律的基础研究，如学科体系和教材体系建设研究、大中小学教材一体化建设研究、教材建设体制研究、中外教材比较研究等，为国家教材建设提供科学理论支持和决策依据。在国家教材委员会指导和统筹下，各级教材管理主体明确，职责明晰，形成上下贯通、多方联动的教材管理组织架构。

（二）坚持统分结合，分类指导

坚持国家、地方和学校分层管理，健全教材管理组织架构。现代化教材管理建设的显著特征之一就是各教材管理主体分工明确，责任细化，协同配合，分级扎实推进教材建设。当前，我国的教材管理组织主要由国务院教育行政部门总管全国教材事务，负责研究制定教材政策，制定相关规范制度，指导并督促各部门和地区进行教材建设；国家出版管理部门负责出版教材资格的审查，监督教材出版的质量标准；物价部门根据经济发展和教材的实际状况核定教材价格，并对教材价格进行监督；国务院教育督导部门则完善教材合格标准，定期组织教材的督导和评估，落实责任，跟踪监测，防止给“暗箱操作”提供温床，守住教材的底线。

除了国家层面的教材管理外，省级部门也要落实相关教材政策文件，规划好本地区的教材工作，监督教材的使用和管理，同时指导下一

级做好教材工作。中小学校要严格执行国家和地方关于教材的各项规定，有条件的大学则可以建设相关教材基地，研究并编制高质量的教材，为地区的教材建设提供智力支撑和专业服务。此外，根据不同学段、不同学科专业、不同类型教育教材的特点实行分类管理，坚持各级各类教材差异化管理，也是提高教材管理建设规范化水平的重要途径之一。

三、完善教材运行机制建设

教材运行是一个复杂的过程，包括编写、修订、审查、选用、出版等一系列流程。只有按照严格的标准实施每一步骤的运作，严格遵守规章秩序，才能确保为大中小学生提供高质量的优秀教材。

（一）健全教材编审机制

首先，必须把好教材编审的“入口关”，明确编审人员的资质要求，并对编审人员进行相应的培训，注意编审人员的构成和人员的比例。

其次，教材“凡用必审”，要严格规定编审标准和程序，实行编审分离。审定要本着客观公正、适于教学的原则，依据课程标准和相关政策文件，投入适宜的人力、物力、财力来保证教材运行的有效展开和高效运行。对统编三科的教材实行思想政治审查、学科审查、专题审查和综合审查四项审查，全面把好政治关、理念关和科学关，实施全方位、多角度的审查把关。对其他教材则根据国家教材管理有关规定进行严格审查。

再次，制定合理的审定周期。审定周期短，可以紧跟时代前沿，把最新的科技成果吸收到教材中，但过短的审定周期不利于教材审定人员对教材的严格把控，极易对教材质量造成不利影响；审定周期长，可以确保编著的时间长，回应时代需求。实施责任制，明确每个主体的权利和职责，督促编审人员更精确认真地编写、审查教材，但也有可能导致教材内容陈旧、缺乏吸引力等。因此，必须制定合理的审定周期，既能给予审定人员充足的审查时间，又能定时更新，保持教材内容的鲜活性和时代性。

最后，必须严格执行规章制度。2019年，教育部印发了《中小学教材管理办法》《职业院校教材管理办法》《普通高等学校教材管理办法》等一系列文件，对教材进行分类管理，进一步促使教材运行工作规范有序。各教材编审部门必须严格遵守教材管理条例，杜绝"暗箱操作"，对破坏规章制度的行为和人员必须严惩不贷，这样才能进一步完善教材制度，促进教材建设的发展。

（二）健全教材选用机制

明确选用人才的标准是完善教材选用机制的第一步，也是关键的一步。组建教材选用委员会，必须至少包含学术、学校管理和教学三个层面的专家，如教材专家、教育家、校长和一线教师等，并且一线教师占比要在一半以上。不同的主体应当根据自身实际，从不同角度评价教材。此外，还要注意规范选用权限、方法和程序，制定合理的选用周期，加强教材选用操作的规范性等。

（三）完善教材公示制度

对教材的审定、选用实行最大限度的公开化，提高透明度。公布经审查合格的教材、经审查不合格教材的审查意见以及各学校选用教材的信息，公开审定、选用标准，公示教材审查和选用委员会委员名单。这一方面可以满足公民的知情权，另一方面增加了各界对于教材的了解渠道，增强了人们对于教材的信赖程度和对教材运行流程的理解程度。

（四）建立教材监测督查机制

首先，成立教材建设督查小组，督促各地区和学校落实国家政策法规，核查教材运行过程中的各项流程，及时发现问题并提出解决和改进意见。

其次，将教材的选用、使用纳入督查监测范围，定期开展教材质量抽查和著作权自查，强化对教材盗版的专项治理，制定相关政策，督促各级主体严格遵守知识产权的法律法规。

最后，发挥社会监督效应，形成广泛的督查网络，让违纪行为无处可逃。发挥一线教师、学生、教材编写单位以及第三方专业机构等对教材使用的监督和评估作用，合理借鉴使用教材的反馈意见，及时修订教材，查漏补缺，为师生提供更加适用的教材。对于质量不合格的教材，要实施淘汰机制。只有淘汰不合格的教材，才能在有限的教育资源的情况下，为广大师生提供更多优质教材，最大限度满足大中小学校对于高质量教材的需求。同时，实施教材淘汰机制，可以激发市场活力，促进不同教材彼此竞争，最后留下精品。

四、重视教材理论研究

想要把教材建设好的前提就要对教材进行系统、全面的梳理、研究。需建强配齐教材编审师资队伍，搭建好教材重点研究基地，或借助学校力量加强对教材的理论研究。

（一）建设教材重点研究基地

2017年，教育部成立教材局，随后发布文件支持分类分批建设30个左右国家教材建设重点研究基地。

国家教材建设重点基地的任务之一，是建设教材数据中心。一个完善的教材数据中心包括教材编写资源库、研究数据库、思想政治教育案例库、国内外教材库、教材历史事件资料库和教材图书馆等。基地要承担收集并整理教材资料的任务，重视资料的存储，并编辑成册。资料的整理与收集一方面可以为教材相关人员的工作提供便利，另一方面可以为研究者研究教材提供帮助。

国家教材建设重点基地的任务之二，是促进研究成果交流传播。为实现这一任务，可以创办专门的期刊，汇集国内外教材的最新进展和研究成果；也可以设置专门的教材网络平台，对优秀教材以及教材建设方面的优秀案例进行呈现，并通过定期召开交流会的方式促进教材建设研究进一步发展。

国家教材建设重点基地的任务之三，是探索教材建设规律。梳理教材建设已有的经验、存在的问题和面临的挑战，收集、分析并报告国内外教材研究及教材建设动态信息，为教材的研究、开发和管理提供有力参考。

国家教材建设重点基地也要围绕聚集专业力量、开展咨询指导服务等方面开展活动，扎实推进各项工作，整合教材编写、使用、跟踪评估等方面的资源，规划研究课题，围绕基础理论、实践应用、国际比较等方面进行系统研究，实现教材研究的专业化、专门化，成为我国教材建设研究的专业智库。

（二）建设高素质、专业化的教材编审队伍

高素质、专业化的人才队伍是教材建设持续健康发展的基石。要坚持培养和培训相结合，吸引、招纳优秀人才进入编审队伍，壮大配齐教材相关人才队伍。

1. 坚持培养和培训并举

鼓励有条件的高校、科学研究所依托有关学科专业招收教材建设方向的研究生，聘请教材编审方面的专家作为咨询教授，培养优秀编审人才的后备军。建设教材编审领域的专门人才库，要注意以下两点：第一，合理分配人才资源，发挥每个人的特长，使每个人都能在最适合的岗位工作；第二，聚焦专业力量，使教材建设每个环节的人员都具有一定的专业能力。加强教材建设专门人才培养和培训基地建设，对从事教材编审工作的人员进行培训，确保每个人都是合格的教材编审人员。

在教材建设过程中，由谁来编至关重要。教材编写人员的思想政治素质和专业水平直接影响教材的价值导向和整体质量。必须把好人员选用这个入口关，落实“以德为先”的基本理念，谨慎选择教材编写人员，完善教材编写人员的资格审查办法。

2. 招纳优秀编审人才

建设教材编审领域的人才库，首先要汇集各学科学术带头人和中青年学术骨干，吸纳一线教师参与编审，增强编写教材的适用性；其次要提高人员待遇，吸收优秀的编审人才，保证教材的整体质量；最后要积极吸纳与教材建设工作相关的各领域精英人才，构筑一流的教材编审人员队伍。

五、加强少数民族文字教材和特殊教育教材建设

少数民族文字教材和特殊教育教材虽使用数量有限，但也是学生成长成才的第一资源，应该认真对待。

（一）少数民族文字教材和特殊教育教材的编审

2004年，教育部发布《中小学少数民族文字教材编写审定管理暂

行办法》，提出：国家鼓励和支持有条件的单位、团体和个人编写符合少数民族中小学教育教学改革需要的高质量、有特色的民族文字教材；民族文字教材编写实行核准与备案制；民族文字教材审查，实行教育部和省、自治区两级管理。我国是一个多民族国家，国家和谐稳定是进行各项事业的稳定基石，民族团结对国家长期稳定发展有着举足轻重的作用。在教材中要注重加强民族团结教育，渗透“56个民族是一家”的观念，这对维护国家长治久安具有强烈的现实意义和深远影响。同时，国家也十分重视优秀民族文字教材的编写，进行每4年一次优秀民族文字教材评奖活动，鼓励编写出适合少数民族地区使用的优质教材。

特殊教育教材的编写，要注重对残疾学生的潜能开发。根据残疾学生的身心发展特点和认识水平编写特殊教育教材，这是对《中国教育现代化2035》基本理念中“面向人人、因材施教”的最好诠释。要按照盲、聋、培智三类特殊教育学校义务教育课程标准全面推进新教材编写，完成语文、数学等学科的教材审查工作，努力为每个人提供更加公平的优质教育。

（二）加快紧缺人才的培养

在加强少数民族文字教材和特殊教育教材建设的过程中，要注意相关研究人员和编审人员的培养。首先，在大学中设置相关专业，培养高质量的教材研究人才。其次，鼓励优秀教师从事少数民族文字教材和特殊教育教材的研究和编写工作，并对他们给予特殊补贴。最后，对有志于从事教材建设研究的人才进行培训。

第九章　创新人才培养机制，全面实施素质教育

创新能力是一个民族进步的灵魂，是国家兴旺发达的不竭动力，而教育是培养创新人才的最基本途径。培养创新人才是发展创新素质教育的有效途径。实现中国教育现代化，必须深化教学改革，培养学生的创新精神与实践能力，保护和激发学生的好奇心和学习兴趣，促进创新人才培养机制的完善与发展。

第一节　实现学生的自由发展是素质教育的本质

素质教育是社会发展的实际需要，是在对应试教育的批判中形成的一种科学、合理的教育，但它不是对应试教育的彻底否定，而是一种扬弃。素质教育是促进学生全面发展的教育，以全面提高学生的基本素质为根本目的，尊重人的主体性和主动精神，重视学生的个性发展，以培养学生的创新精神和实践能力为重点，在合理的范围内引导学生实现自由发展。培养具有创新精神和能力的新一代人才，是素质教育的时代特征。

一、素质教育的内容具有全面性

素质教育是对马克思主义关于人的全面发展学说的丰富与发展。具

有中国特色的素质教育是一种强调德智体美劳全面发展的教育。德智体美劳不是孤立发展的，而是相互贯通、共同作用的。因此，素质教育场域中的教学内容设计要尽量注重学生各方面素质的培养。另外，素质教育要求学生各方面的素质或同一素质的各方面平衡发展，但并非要求各素质的各方面得到等量等速的发展，学生完全可以遵循个人自身的特质和兴趣，发展自己的特长。

二、素质教育的方式具有灵活性

素质教育鼓励改变传统教育单一、刻板的教学模式，倡导教育方式的灵活性，提倡根据学生的个性采取不同的教学策略。个体差异的存在是一个无可争议的事实，教育应当正视差异的存在，根据学生的不同个性特征和发展水平灵活开展教学活动。教师在充分了解学生的个性特征和现有水平的基础上，结合科技的发展和教育理论，灵活采用教学手段，以实现有效的因材施教。

三、素质教育的目的具有实用性

素质教育的目的在于促使学生学会迁移，只有将所学的知识转化为有用的知识，才是真正属于自己的知识。素质教育强调教育目的的实用性，与应试教育强调教育目的的功利性是不同的。素质教育对应试教育的超越就在于前者鼓励运用所学的知识指导实践，认为知识是一种活在生活中的知识，而后者将知识看作是谋取功利的手段，认为知识是缺少生机的、与现实割裂的。

基础教育是国民素质教育的奠基工程，因而在保持相对稳定的基础上，必须根据时代发展和社会需要，适当吸纳最新的科技和文化成果，调整、充实和完善教育目的、教育内容和教育方法，从而更好地适应来自现代社会和未来世界多方面的挑战。

第二节　创新人才培养方式是实现素质教育的核心路径

创新人才培养方式是基础教育阶段素质教育的价值追求之一，也是评价未来教育质量和人才培养水平的一个重要指标。同时，创新人才培养方式也是我国教育改革的内在需要和世界各国教育发展的共同经验。在我国的教学改革实践中，大中小学在深化教学改革、创新人才培养方式方面进行了大量的探索和实践，收获了许多优秀成果。但同时也应该看到，目前的教育教学中仍然存在着教学方法陈旧、重理论轻实践、忽视学生参与等诸多问题，这是我国继续深化教学改革、创新人才培养方式必须面对和着力解决的问题。

一、创新教学方式是创新人才培养方式的第一步

在创新人才培养方式中，创新教学方式是一项基础性工作。创新教学方式，就是不断优化教学过程、方法和手段，形成科学有效的教学结构，从而全面发挥教学系统的整体功能。在多年的教学改革中，我国已经探索并尝试了多样的教学方式，诸如启发式、探究式、参与式、合作式等等，在培养学生的实践能力和创新能力方面取得了一定的成绩。在继续深化教学改革的过程中，我们还应进一步推进这些教学方式的运用，促进学生主动把学习、观察、实践同思考紧密结合起来，激发学生的好奇心，培养学生的兴趣爱好，营造独立思考、自由探索、勇于创新的良好环境。

（一）通过启发式教学激发学生的求知欲

孔子是我国古代启发式教学的首创者，在世界教育史上开此先河并占有重要地位。他曾论述："不愤不启，不悱不发；举一隅不以三隅反，则不复也。"（《论语·述而》）孔子认为，"启""发"的前提是达到"愤""悱"之境，只有学生"心求通而未得之意"，即"愤"之时，教师在关键的地方给予学生指点，学生才能有很大收获，才能取得好的教学效果。如果学生还没有经过自己的思考，甚至没有急切的求知欲望，教师就先不必给学生讲授新的知识。"悱"是学生"口欲言而未能之貌"，学生经过思考后，想把自己的思想表达出来，可又找不到恰当的语言，说不清楚，十分着急。如果学生不是在这种状态下，教师是不必告诉学生应怎样表达自己的思想的。这里强调了"愤""悱"的必要性，提醒教师应注意并抓住启发的恰当时机。

对教师来讲，应该通过自己的作用，调动学生的积极性。教学，是要通过教师的教使学生爱学、会学。学习效果与学生的学习积极性有关，启发式教学的关键就是调动学生的学习积极性。学习积极性就是强烈的求知欲（它表现为兴趣、信念、愿望和焦虑），而求知欲就是学习需要。学习需要是学生在学习时感到对某种知识的了解不足，而力求获得提高的一种心理状态。激发学生产生学习需要，才能够让学生真正积极思考，做到学思结合，从而达到举一反三的效果。

启发式教学不仅是教学方法，更是一种教学思想、教学原则和教学观，可以应用于各种教学方式中。无论是讲授式教学、发现式教学还是探究式教学，都可以运用启发式教学的思想引起学生的求知欲，引导学生积极思考，引发学生表达自己的思想和观点。

（二）在探究式教学中充分体现学生的主体性

探究式教学是仿照科学研究的过程来学习科学知识，要求学生在教师指导下，进行自主学习与探究合作的教学方法。探究式教学要求学生在掌握科学知识的同时体验、理解和应用科学研究方法，实质上也是一种发现式学习。比如，学生在学习概念和原理时，教师只是给他们一些事例和问题，让学生自己通过阅读、观察、实验、思考、讨论等途径去主动探究，自行发现并掌握相应的概念和原理。

在探究式教学过程中，真实的问题情境是知识学习和能力建构的载体，探究是建立在“发现问题”的基础上的。学生通常是基于自己的兴趣，在教师的指导下，从自然现象、社会现象和生活中选择和确定研究专题，从问题入手，通过观察、调研、实验、分析、探索等有效途径，在探究过程中主动获取知识、应用知识进而解决问题。学生在体验富有挑战性的科学探究与知识建构的过程中发展他们的科学素养和科学研究能力，这个过程有利于调动学生的积极性，激发学生独立思考与合作学习的意识，培养学生的批判性思维、创新性思维和问题解决能力。

探究式教学能否取得成功，关键是在教师的引导、帮助与支持下，学生在学习过程中的主体地位能否得到充分体现。探究式教学的成功涉及两个方面，一是要充分体现学生在学习过程中的主体地位，二是要重视发挥教师在教学过程中的主导作用。

（三）通过参与式教学延伸学生的情感体验

参与式教学是指学生在明确的教学目标指导下，运用科学的方法，在民主、宽容的课堂环境中，参与教师组织、设计的活动，积极主动、具有创造性地介入教学活动的每一个环节，从而获取知识并发展能力的教学方法。在参与式教学过程中，教师与学生以平等的身份参与到教学活动中，他们共同讨论，共同解决问题，是一种师生共同推进教学的教学形式。联合国教科文组织将参与式教学方法归纳为：课堂讨论、头脑风暴、示范和指导练习、角色扮演、小组活动、游戏和模拟教学、案例分析、讲故事、辩论、与他人在特定环境中练习生存技能、各种艺术活动等。参与式教学具有如下特征。

（1）参与式教学的主体是学生。在参与式教学中，教师的角色是引导者，而不是教授者，更重视学生的自主性和参与度。

（2）参与式教学强调尊重与信任。参与式教学的有效实施建立在学生与教师相互尊重、相互信任的基础上，强调师生之间、生生之间的平等协作。

（3）参与式教学更注重情感的体验与认知。参与式教学致力于让学生将自己的智力、情绪及行为全部投入到整个学习过程中。学习成果不仅体现在学识增加中，还体现在参与者的情绪、价值观、态度与行为方式的改变上。

（四）在合作学习中促使学生明确自身的能力边界

合作学习是学生为了完成共同的任务，进行具有明确责任分工的互助性学习。合作学习鼓励学生为集体的利益和个人的利益而一起工作，在完成共同任务的过程中实现共同的目标与自己的理想。小组成员的协同工作是实现学习目标的有机组成部分。小组协作活动中的个体（学生）可以将其在学习过程中探索、发现的信息和学习材料与小组中的其他成员共享，也可以同其他组成员或全班同学共享。合作学习主要培养学生以下几方面的素质。

（1）合作精神。人类今后所面临的问题越来越复杂，要解决这些问题，光靠个人力量已很难实现，必须寻求多人合作的力量。因此，当代教育必须重视培养学生的合作意识与合作能力。目前，学生大多是独生子女，合作意识欠缺，合作学习无疑是培养合作能力的最佳途径。由4—6人组成的学习小组，要想在整个班级中取得优异成绩，就必须精诚合作，将个人融入这个小小的集体中，一切以集体利益为出发点。

（2）交往能力。社会越发展，人际交往的重要性就越凸显。在合作学习的过程中，人际交流是基本的，也是必须具备的要素，这有助于学生形成初步的社交能力。小组合作学习是同学之间互教互学、彼此交流知识的过程，也是互爱互助、相互沟通情感的过程。这一过程有利于促进学生交往能力的提高，使学生既能"忘情"投入，又能规范、约束和指导自己的课堂行为。

（3）创新精神。合作学习大多采用异质分组的方式，小组中学生的学习能力、学习兴趣、知识跨度都不一致。因此，在学习的过程中，学生间、师生间的互相启发、互相讨论，会产生许多值得争论的问题。在讨论问题的过程中，知识不断生成，意义不断建构，不同的观点和新的视角会在潜移默化中扩展学生的知识和思维，这有利于调动学生积极思考，培养学生的创造性思维和能力。

（4）竞争意识。合作学习将整个班级分为若干个小组，在问题的讨论与解决过程中，小组之间不可避免地存在着竞争。在这一过程中，要有意识地培养学生的竞争意识，使他们成为具有较强的上进心、能够适应未来社会发展需要的人才。班级可以看作是社会的一个小小的缩影，在这个小社会中培养出的竞争意识可以使学生更好地适应未来的大社会。

（5）自主学习能力。合作学习促使学生把被动学习变为主动参与的学习。在合作讨论中，每个学生除了要聆听小组成员的观点和见解，也要贡献自己的认识和解决方案，而这必须通过自己收集资料和进一步的分析、思考、总结。这个过程调动了学生的参与意识，促使他们进行主动思考。由于这个过程中凝结着学生的学习成果，即使通过小组的合作讨论和探究仍然没有完全解决问题，学生也会对解决问题的过程留下深刻的印象。

二、创新教学组织模式是创新人才培养方式的关键

教学组织模式是师生的共同活动在人员、程序、时空关系上的组合形式，具体是指在教学过程中，根据一定的教学思想、教学目的和教学内容以及教学主客观条件组织安排教学活动的方式。在教师的教与学生的学所构成的教学活动中，必然存在教师与学生如何组合起来发生相互作用、如何对时空条件进行有效控制和利用的问题，这就是教学组织模式的核心问题。采用合理的教学组织模式，有助于提高教学工作的效率，并使各种有效的教学方法、手段得以在相应的组织形式中加以运用。教学组织模式的改进总是同教学方法的改革，乃至整个教学模式的改革融为一体。教学组织模式同教学方法及整个教学模式的这种关系，决定了教学组织模式合理与否，对教学活动的开展和教学效果的取得具有直接影响。在当前的历史条件下，创新教学组织模式是一项基础性工作，具有举足轻重的意义，是落实素质教育和课程改革目标的必然要求。

（一）落实走班制是创新教学组织模式的根本基础

走班制亦称为非固定班级教学，是在综合考虑学生的志向和兴趣爱好、知识基础和学习能力以及学校的师资和教室资源等因素的基础上，允许学生选修最适合自己的课程的一种教学模式。走班制打破了单一的

行政班授课模式，将原有班级划分成教学班与行政班，上课采用“流动制”，学生可以根据自身兴趣、爱好和特长选择学习科目，也可以选择自己喜欢的老师，然后进入各自的教学班学习，下课后回到各自的行政班自习或开展班级活动。走班制的突出特点是充分尊重学生，关注学生的个体差异，满足不同学生的需求，最大限度地挖掘学生的潜能，并让学生得到充分的发展；其实质是中国古代教育家孔子提出的“因材施教”，这既是基础教育课程改革对教育提出的要求，也是走班制教学模式实施的目标。

2010年颁布的《国家中长期教育改革和发展规划纲要（2010—2020年）》明确提出要推进分层教学、走班制、学分制、导师制等教学管理制度的改革，“走班制”的概念第一次在我国的教育纲要中被明确提出。2014年12月，《教育部关于普通高中学业水平考试的实施意见》《教育部关于加强和改进普通高中学生综合素质评价的意见》印发，提出“全科覆盖”“分类考察”“不分文理”“两次机会”“严格公示”等改革措施，明确规定高考科目由语、数、英三门必考科目和三门选修科目组成。这两份意见颁布后，教育部基础教育二司司长郑富芝答记者问时，提出“选课走班”是当前教育改革的解决方案。从2017年起，全国全面铺开高考综合改革，实行“六选三”考试模式。“六选三”考试模式意味着学生能够根据自身的优势和兴趣自主选课考试。走班制教学模式正是契合了新高考改革背景下学生选课的现实需求，是适应素质教育发展的必然选择。

目前很多学校都在尝试走班教学，但是采取什么样的走班模式是首要问题。从走班的类型来看，有分层走班、分类走班、分项走班等；从走班的方式来看，有全科走班方式、“行政班＋教学班”走班方式、“定走结合”走班方式。不同的走班模式对于师资、场地、资源的要求不尽相同。对于多数中等规模的学校来说，由于学生人数不多、教室场地不够、师资配备不定等客观原因，不能简单地照搬其他学校已有的走班模式。所以，如何基于本校的实际情况去选择适合的走班模式，是实施走班制首先应该考虑的问题。①

走班制教学模式对教室、实验室、信息化教学设备以及教师、教辅人员等都提出了更高的要求。各学校要加强对走班制教学的探索，确保涉及的诸多问题都能得到解决。

第一，解决学校提供的现有资源与学生需求之间的矛盾。新高考改革实行的“六选三”（或“七选三”）方案有20余种课程组合让学生自由选择，学校要结合本校教室等硬件资源的实际情况进行走班制教学。

第二，增强与走班制教学相适应的师资力量。为满足学生个性化、多样化的选择需求，确保学生综合素养的提升，学校师资力量必须充足并且优质。教师不仅具备本学科的专业素养，还要不断提升自己的跨学科素养，适应新高考改革的要求。

第三，完善相应的评价标准和评价机制。在走班制的教学实践中，无论是对教师评价、学生评价还是对走班制教学模式评价，都要做出相应的调整和完善。要综合实现全面的评价目标、多样的评价方式和多元的评价主体，提高走班制教学评价的科学性。②

第四，更新教育管理方式，完善走班制教学的管理体制。由于走班

---

① 赵彤．中考改革背景下走班教学的实践研究［C］//北京市教育学会2018学术年会优秀论文集．北京：北京市教育学会，2018：139-142.

② 刘丰霞，冯虹．走班制教学：基于新高考改革的教学组织形式［J］．考试研究，2018（4）：63-66.

制教学的班级具有不稳定性，学校在学生考勤管理和班级文化环境建设等方面所面临的班级管理工作难度不断升级。学校急需改革教育管理方式，如提高任课教师对学生的管理意识、培养学生的自主管理能力、协调好教学班与行政班之间的管理、加强师生间的综合管理等。此外，学校还应根据本校的实际情况努力打造“互联网＋”的教育管理平台，实现静态与动态结合的管理模式，完善走班制教学的管理体制。

（二）完善选课制是创新教学组织模式的重要推力

选课制是学生根据个人的兴趣需要，在国家、地方和学校开设的选修课程中，进行自主选择的一种课程管理制度。选课制与走班制是相辅相成的，同时与之配套的教学管理模式是学分制。

选课制适应了学生的个性差异，包括文化背景差异、发展水平差异、兴趣爱好差异等，满足了学生个性发展的需要，其价值在于促进学生的个性发展；同时，选修课程有利于不同地区根据自身的需要和地方文化特色做出选择，并设置适合地区需要的课程；校本层面的选修课程可以根据学校的实际需求和特色开设，充分发挥学校的特色传统，充分利用学校的软硬件资源促进学生的个性化发展。

要保证选课制的实施质量，就要加强相应的管理机制建设和文化建设，使学校内部和外部的“生态环境”能够与之匹配。建立学科平等、学生自治、教师合作、德育融合的学校文化，将选课制的制度优势更好地发挥出来，具体需做好以下几方面的工作：

第一，学校应从制度和文化建设方面促进教师间的合作，鼓励教师建立学习共同体。选课制实施的质量不仅依赖于校长的专业管理水平与教师的专业教学水平，还依赖于制度与学校既有文化之间的契合度。在传统教学方式下，教师的合作主要体现为以年级、班级为组织单位的合作，尤其是同班级的教师，被班级考评及其伴随的利益绑定在一起，成为彼此竞争又相互隔离的教师小组。这种合作主要是管理模式催生下的合作，而非教师专业发展意义上的合作。选课制则更多地促进同学科或跨学科教师在学科内容资源、教学研讨方面进行更广泛的合作与分享，以共同的教学任务为基础进行协同攻关。要促进教师的合作，必须在管理上营造合作文化，制定有利于互惠合作的规则，把学校建设为学习共同体。①

第二，加强对学生的选课指导，确保学生的选课科学合理。选课是否科学合理，选课组合是否最优，这必将影响学生未来升学和就业的选择。为保证学生选课的科学性和合理性，学校应精心编制学生选课指导手册。选课指导手册的内容应详尽充实，需包含：各科课程的师资力量、学校在各科课程上的资源和条件、各类高校和专业对高中学科的要求等。在师生的共同商议下，学生根据自身的能力和需要做出科学选择。同时，在整个学习过程中，学校应当配有专业且经验丰富的导师对学生进行选课跟踪指导，且导师要随时关注各高校专业需求的动态和变化，并收集和整理学生所选学科的组合情况。导师全程跟踪选课指导，以便学生科学选择未来目标院校，了解自己的兴趣爱好和所选组合的竞争情况。这样才能真正实现学生所选组合最优化。② 同时，加强对学生的选课指导，培养学生养成严谨认真的求学态度。选课不是为了“凑学分”，也不是为了更容易地通过某一门考试，而要使学生确实意识到选

① 程红艳. 选课制与学分制：中国基础教育改革的制度创新与实践探索［J］. 南京社会科学，2016（4）：127-133.

② 高惠玥，韩晓娟. 普通高中选课制困境与对策研究［J］. 教育与教学研究，2018（8）：70-74.

课的重要性，选修课程不仅仅是为了满足兴趣爱好，更是为了构建合理的知识体系，为成为知识、能力、素质全面协调发展的人做准备。

三、促进学思结合是创新人才培养方式的本质要求

学习和思考要相互结合，相辅相成，相互促进，两者并重而不偏废。注重学思结合是中国教育的历史传统，著名教育家孔子提出了“学而不思则罔，思而不学则殆”（《论语·为政》）的重要命题，强调在学习的基础上深入思考，把学习和思考结合起来。《中国教育现代化2035》要求“深化教学改革，推行启发式、探究式、参与式、合作式等教学方式以及走班制、选课制等教学组织模式，促进学生主动把学习、观察、实践同思考紧密结合起来，保护和激发学生的好奇心和学习兴趣”，这是在当前社会历史条件下对学思结合思想的传承与发展。

探索学思结合的教学模式包括教与学两方面的尝试。一方面，在教学过程中，教师要鼓励学生系统学习文化知识，充分发挥学生的主观能动性，激发学生的思想和思维，教会学生学习的方法，提高学生的学习能力。只有掌握了系统的知识、全面的学习方法和富有逻辑的思维方法，学生的独立思考和自由探索才可能高质量地进行，并真正思有所得。另一方面，在教学过程中，教师也要为学生创造学思结合的条件，积极设置问题情境，鼓励学生大胆质疑、科学求证，主动发现和解决问题，从而以思促学，提高思维品质，促进融会贯通。

贯彻学思结合思想要求灵活运用各种教学方法。随着现代教学的发展进步，人类已经积累了丰富多样的教学方法，如讲授法、实验法、练习法、谈话法、读书指导法、探究教学法等等。运用不同的教学方法，可以创造不同的学习情境，让学生掌握不同的学习方法，并学会发现不

同类型的问题。如果长期使用单一的教学方法，则会造成学生学习方法和思维方法狭隘，不利于学生综合素质的提高。

贯彻学思结合思想还要求培养学生强大的学习动力。人天生具有好奇心和求知欲，学校教学必须积极维护和激发学生学习的内在动力，努力让学生获得学习成功的积极体验，激发其自信心和责任感。同时，学校教学还应把学习和人生理想、追求结合起来，使学生认识到学习对于人生幸福所具有的不可替代的价值。

四、注重知行统一是创新人才培养方式的核心理念

知行统一，即认识和实践相统一。总体来说，教学是一个求知的过程，是掌握人类科学文化知识的过程。但是，求知并不是教学的唯一目的，教学的终极目的是促进学生发展，为人的幸福生活奠基。通过求知而促进学生行为改进、实践能力提高，这是教学功能全面发挥的关键所在。我国从古代就一直非常重视知行统一问题，倡导“读万卷书，行万里路”的成才模式。古代思想家荀子曾说过：“知之而不行，虽敦必困。”（《荀子·儒效》）明代哲学家王守仁也曾提出“知行合一”思想。新中国教育一直坚持教劳结合的方针，强调理论联系实际的教育原则。《中国教育现代化2035》再次重申了“要注重对学生实践能力的培养”，表明这是创新人才培养方式的重点突破口之一。虽然我国有重视知行统一的历史传统，在实践中也不乏知行统一的典型案例，但知行脱节、重知轻行、读死书、死读书的现象并不少见。中小学生接触社会的实践机会较少，动手操作类教学活动不多，大学生的实习、见习也存在不少问题，职业教育的实操训练条件、分量都有待加强。为此，需要切实加强教学模式创新，强化实践环节，从而培养知行统一的高水平人才。知行

统一的思想落实到学校教育的各个环节，主要从以下几方面入手。

第一，在课程层面上，要积极开发实践性强的课程门类，为提高学生的各种实践技能创造条件。生活是一所大学校，它容纳了丰富多彩的课程资源。要积极开发校内校外的各种能够应用所学知识、让学生获得直接经验并锻炼实践能力的潜在性课程资源；要利用好各种社会资源，并加强学校活动基地建设，从而为开展丰富多彩的课外校外活动创造条件。

第二，要提高实践性教学环节的实效。尤其是科学实验、生产实习和技能训练等教学活动，不能流于形式，而要进行精心设计和组织，严格要求，力求实效。要保证能在一定的情境中将课堂所学知识加以运用，让学生体会和思考知识运用的情境和条件，鼓励和提倡学生创造性地应用所学知识。

第三，要充分发挥学生社团组织的作用，充分发挥其促进学生自我管理、自我服务的独特功能。通过开展社会公益活动和志愿服务等形式，提高学生的实践意识和能力。

第四，在高校和职业院校中实行工学结合、产教融合、校企合作、顶岗实习以及学生参与科学研究等人才培养模式，积极推行项目教学、案例教学、情境教学、工作过程导向教学等教学方式，提高学生的实践能力，促进知行统一。

五、培养创新精神是创新人才培养方式的终极目标

在知识经济时代，知识是经济增长的主导生产要素，是经济发展和社会进步的动力和源泉，而知识的产生和获得有赖于教育。迎接知识经济时代，培养创新人才，这是现代教育的重要使命。培养创新人才的教

育，是以培养具有创新意识和创新能力的新人为目标，以基础知识和高新科技知识为载体，运用启发性、创造性为主的教育方式，以发展的、综合的指标为工具评价教育效果的教育模式。

（一）构建以创新精神培养为核心的人才培养方式

为了培养创新人才，必须深化教育改革，改革人才培养方式，为培养创新人才奠基。在这一过程中，要抓好四个关键环节。①

1. 观念创新

观念是行动的先导。我国当前的人才培养状况，尤其是多样化人才和创新人才的培养模式，还不能很好地适应经济社会发展的要求。为改变这种状况，必须进一步解放思想，更新人才培养观念。

一是树立全面发展的观念。全面发展，就是贯彻党的教育方针，使学生在德智体美劳诸方面都得到发展。坚持育人为本，德育为先，生动活泼地开展德育，体现时代性和针对性；提高学生的学习兴趣、学习能力和批判性思维能力，提高学生的创新能力和实践能力；加强和改进学校美育，开齐开好艺术类课程，提高学生的艺术修养、审美和创造能力，陶冶学生的情操。

二是树立人人成才的观念。教育的目的是使每个受教育者都找到适合自己的成长途径。改革人才培养方式，就是要面向全体学生，关注每个学生的成长发展，尊重每个学生发展的权利。对每个学生的特长和发展的可能性，都给予充分的尊重和关注。

三是树立多样化人才的观念。经济社会发展不仅需要拔尖的创新人才，也需要高层次复合型人才、实用技能型人才和各种高素质的劳动

① 田慧生，梁伟国，李帆. 改革人才培养模式 为创新人才奠基［J］. 人民教育，2011（10）：10–13.

者。人才的多样化建立在个性发展的基础上。因此，改革人才培养模式必须尊重个人选择，鼓励个性发展，不拘一格培养人才，为各种创新人才脱颖而出奠定基础。

四是树立终身学习的观念。在科学技术迅猛发展、知识更新和职业变换不断加快的今天，学习场所不再局限于学校，学习已成为贯穿人一生的活动。因此。改革人才培养方式必须注重学生学习兴趣、学习习惯和学习能力的培养，为学生的终身学习和可持续发展奠定良好基础。

五是树立系统培养的观念。改革人才培养方式要努力推进小学、中学、大学的有机衔接，促进教学、科研、实践紧密结合，鼓励学校、家庭、社会密切配合，加强学校之间、校企之间、学校与科研机构之间合作以及中外合作等多种联合培养方式，使人才培养的体系更加开放、机制更加灵活、渠道更加互通、选择更加多样。

2. 体制创新

长期以来，我国形成了一系列与多样化人才、创新人才成长不相适应的体制、机制和制度，其中涉及招生考试制度、教育质量的评价方式、人才评价和人才的选用制度等。改革这些体制、机制和制度，是探索形成新的人才培养方式的重要保障。人才培养和成长没有统一的模式，需要教育多样化的支持，需要个性舒展的空间。改革体制、机制和制度的目的，就是为人的成长提供多种可能性，提供可选择的空间，为人的成长创造好的制度环境。这样，富有创新精神和实践能力的人才成长才能成为现实。

3. 方法创新

从学校内部来看，方法创新要把注意力集中在课程、教学的改革上，不断变革传统的灌输型教学方法，不断引进、研究新的教学方法，改革课堂管理、课程设置和评价环境。方法创新是一个具体微观的层面，但也是关系到学生创造性思维能力能否得到充分发展的最直接因素。对学生来说，他们成长的主要时间和空间都是在学校和课堂。学生的创新精神、实践能力能不能得到提升，在很大程度上取决于我们用什么样的方法和内容去影响和教育他们。

4. 文化创新

发展创新文化，培育创新精神，是建设创新型国家的重要条件，也是学校培养创新人才的关键。人才培养与社会各个方面，特别是与社会文化密切相关。文化创新就是要营造有利于多样化人才、创新人才成长的社会文化环境，加快形成关注创新的社会氛围，为人才成长提供更加自由的空间。文化传统会对社会、家庭的教育观、人才观产生重要影响，并随之作用在人才培养模式的改革上。推进文化创新，就是要在建设创新型国家和人力资源强国的伟大目标下，在全社会形成鼓励创新、崇尚多元的新兴价值观。这是学校更加顺利地推进人才培养方式改革，更好地培养各类人才的必需条件。同时，学校也要加强文化改革，努力营造有利于创新的校园文化氛围，建立民主平等的师生关系，这是培养创新人才的重要条件和原则。

（二）发挥学校教育在创新精神培养中的主渠道作用

1. 营造适合培养创新精神的宽松、自由的学习环境和氛围

基础教育阶段对创新人才培养的侧重点在于对创新精神和创新能力的培养。学校的作用在于营造一种宽松的氛围和环境，促进学生好奇心和想象力的发展、人格独立性的培养、思维发散性水平的提高与批判性思维的发展等。培养学生的创新精神和创新能力，很重要的一点在于学校要营造宽松、自由的学习环境和氛围。营造良好校园学习氛围首先要

从学校管理层做起，从学校战略规划的制定开始，将对学生创新精神和创新能力的培养纳入学校的发展规划。管理层要着力建设学校良好的育人环境，让管理层和教师都尊重学生的个性，保护学生的自尊心和自信心。在制度层面上，可以尝试使用包括干部恳谈会制度、学生评教制度和个人研讨会制度等方式，促进学校各级各类人员之间的有效沟通。有条件的学校可以让学生参与学校决策，培养学生的主人翁意识，激发其创新精神，锻炼其创新能力。①

2. 建设具有创新素质的教师队伍

一个没有创新精神的教师是很难培养出具有创新精神的学生的。培养学生的创新精神，教师教育尤为关键。学校要培养创新型教师，可以从以下几个方面着手。第一，转变教师的陈旧观念，强化教师的责任感，让每位教师都为学生创新精神的培养做出贡献。第二，鼓励和促进教师热爱教学、热爱学科、热爱学生。热爱是一种境界，深厚的学养是它的根基，强烈的求知欲是它内在的动力，激情满怀的探索是它的外在表现。没有这种境界，是难以培养具有创新激情的人才的。实践证明，教师只有发自内心地热爱所教授的学科，学科知识才能获得生命，才能使知识生活化，使哲理形象化。同时，教师只有热爱学生，才能从内心深处关注并促进学生的发展。第三，建立教师培训机制，鼓励教师不断学习，增强创新意识，调整知识结构，拓宽知识领域，提高学习能力、创新能力和研究能力，增强运用现代教育技术的能力，从多方面保障教师能够适应培养创新人才的需要。第四，鼓励教师关注教育改革，加强教育科研工作。学校要建立相应的机制，采取相应的措施，把教育科研

---

① 褚宏启，潘睿. 中小学生创新精神与创新能力的培养——基于北京市30位知名校长访谈之上的思考［J］. 中小学管理，2010（5）：9-11.

与师资队伍建设相结合，鼓励教师从教学需要出发，围绕培养创新人才这个大课题，从教育思想、教育内容、教育方法、教育技术等方面深入研究，通过科研促进创新人才的培养。

3. 突出课堂培养创新精神的主阵地作用

学生绝大部分时间是在课堂上度过的，课堂应是培养学生创新精神和创新能力的主阵地。培养学生的创新精神和创新能力并不意味着不传授知识，而是通过教授新知识培养学生各方面的素质。脱离了知识的学习，培养创新精神和创新能力就缺少了基础。但在知识教学的过程中，教师要关注以下方面。

第一，教师对知识的讲解不能仅停留在“是什么”，而必须深入到“为什么”或和学生共同探索“为什么”。要让学生不仅知其然，更知其所以然。如果学习只是记忆而非理解，所学知识也就难以实际运用，更不能成为创新的原材料。同时，教师的教学要在教材的基础上超越教材，引导学生发散思考。

第二，要把所教知识与学生已有知识和日常经验联系起来，引导学生学习“活知识”。在教学中，教师要引导学生对知识进行思考、加工（分析综合、归纳、演绎、比较、系统化），使知识成为促进思维的积极因素，成为创新时可运用的元素。同时，不能只重视知识的理解与接受，要注重知识的应用、表现和创作，鼓励学生在对知识理解的基础上运用知识解决问题，着重引导知识的输出。

第三，注重培养学生的问题意识，鼓励学生提出思考性的问题，培养学生的怀疑和批判精神，这是创新动机的具体表现。爱因斯坦曾说过，提出一个问题比解决问题更重要。这说明问题与创新精神和创新能力的培养具有密不可分的关系。

第四，要激发学生解决问题的需要。发现问题，并不等于愿意解决问题。只有具备解决问题的愿望，才能引发创新动机。学生这种解决问题的需要，不仅来自人的天然的探索本能和求知欲望，更来自学生的生活理想和社会责任感。没有这些需要做基础，学生就不会把问题作为自己探索的课题。所以，进行理想教育和社会责任感的培养，是创新教育的关键性任务之一。

第五，要教会学生分析、研究、解决问题的方法，让学生在掌握基本的学习方法、思维方法的基础上，提高创新意识和创新能力。

第六，培养学生创新的胆魄、个性倾向和意志品质，使他们有敢于创新的勇气、善于创新的敏感性、不怕失败的意志力。

4. 充分发挥信息技术对创新精神培养的促进作用

信息技术的飞速发展，为创新人才培养提供了有力的支撑和保障。信息技术与课程的深度融合，使得学生能够更深刻地理解所学内容，同时又加强了信息素养。新兴的教育技术和教学资源不仅使知识的获取更加便利，同时更强调以学习者为中心，更提倡学习者积极主动地去获取、加工信息。如今，网上图书馆、电子期刊等资料应有尽有；Web2.0技术使得人们既可以通过网络学习、获取知识，同时也可以教授、传播和共享知识；各种开源共享软件和移动互联技术使得课程的在线管理更便利，使得传统课堂得以延伸，泛在学习和移动学习逐渐成为一种学习趋势。因此，学校应充分发掘信息技术的优势，为创新人才的培养提供新的工具、平台和资源，开展跨学科、跨学校特别是学生之间的交流，鼓励学生参与到建构、改进、学习与共享的新时代信息文化中去。

第十章　大力推进校园文化建设

校园文化的本质是培养人、塑造人、影响人、发展人、完善人的社会性实践活动，也是学校课程的重要组成部分，属于现代教育中的隐性课程。①加强校园文化建设的根本目的是满足广大师生不断增长的物质和精神文化的需求。②各级各类学校要大力推进校园文化建设，建设具有本校特色、积极进取、健康向上、融入社会主义核心价值观的校园文化，形成良好的校风，促进学生的发展，推动学校的精神文明建设和社会的整体发展。

第一节　建设校园文化是实现立德树人的重要一环

校园文化是学校重要的组成部分，反映着学校的特点、面貌、气质和个性，是学校发展的灵魂。校园文化与学校教育教学活动具有密不可分的关系。校园文化在潜移默化中影响着每一个成员的思维和行动。健康、向上、丰富的校园文化对学生的品性形成具有渗透性、持久性和选择性，对于立德树人、提高学生的人文道德素养、拓宽学生视野、培养

---

① 徐亚康. 把校园文化当隐性课程来建［N］. 中国教育报，2010-02-02.

② 范亚菲，董丁戈. 以人为本：校园文化育人功能研究［J］. 黑龙江高教研究，2006（10）：159-161.

全面发展的人才具有深远意义。

一、校园文化建设一直备受党和国家的重视

我国历来重视校园文化建设，强调文化育人、立德树人，强调培育和实践社会主义核心价值观，将校园文化建设作为德育工作的一部分和教育现代化的一个重要内容。1994年8月31日，《中共中央关于进一步加强和改进学校德育工作的若干意见》发布，明确提出要“重视校园文化建设。要大力开展学生喜闻乐见的丰富多彩、积极向上的学术、科技、体育、艺术和娱乐活动，建设以社会主义文化和优秀的民族文化为主体、健康生动的校园文化”，将校园文化建设确定归入德育工作中。2014年，《教育部关于培育和践行社会主义核心价值观进一步加强中小学德育工作的意见》发布，进一步细化建设校园文化的途径与要求，指出“各级教育部门和中小学校要挖掘地域历史文化传统，因地制宜开展校园文化建设，将社会主义核心价值观融入校园物质文化、精神文化、制度文化、行为文化之中”。2017年，教育部印发《中小学德育工作指南》，再次强调要开展校园文化建设，提高校园文明水平。面向中国教育现代化，开展校园文化建设迫在眉睫。《中国教育现代化2035》明确指出要“大力推进校园文化建设”。可见，开展校园文化建设不光是深入发展学校教育的关键，更是面向未来教育、推动实现中国教育现代化的重要力量。

二、校园文化是以精神文化为核心的一种群体文化

校园文化是以校园为空间，以学生、教师为参与主体，以精神文化为核心的物质文化、制度文化、行为文化相统一的具有时代特征的一种

群体文化。[①]学校师生的日常工作是围绕学校的教学这一中心工作来展开的，包括参与学校物质环境的建设与保护，参与制定、执行学校各种制度与条例，参与开展学校的各种精神文化活动。正是在师生参与学校的各类活动过程中，他们感知各种信息，体验各种态度与情感，并内化为其个性中稳定的品质。伴随着这些过程的进行和深化，师生所感知的各种信息渐成体系，所体验的态度与情感日益深刻，其个性品质也渐趋稳定，逐渐形成师生的价值体系、情感风貌和行为规范系统，即校园文化。

三、校园文化能够促进学生的全面发展

校园文化是学校的灵魂，对学生起着潜移默化的作用，影响着学生的发展与成长。校园文化不仅能够陶冶情操、规范行为、引导认知，也能够起到凝聚激励、实践锻炼的作用。

（一）陶冶学生的情操是校园文化的核心功能

陶冶情操是指自觉地创设良好的教育环境，使受教育者在道德情操方面受到感染、熏陶。校园文化对学生的思想品德教育不是直接的理论输入，而是通过创设各具特色的校园生活、和谐友爱的人际关系以及各种生动活泼的文化艺术活动等形式潜移默化进行的。各具特色的校园文化生活，能够使学生丰富的情感合理地释放出来。如诗如画的校园风光、布局合理的校园建筑、鸟语花香的校园景致、整齐光洁的道路交通、美观科学的教室布置、文明健康的文化教育设施等都会给学生以巨大的精神力量，使其在优美的校园环境中受到感染和熏陶，触景生情，

---

① 史洁，冀伦文，朱先奇. 校园文化的内涵及其结构［J］. 中国高教研究，2005（5）：84-85.

因美生爱，从而形成热爱学校，进而热爱家乡、热爱祖国的高尚品德。丰富多彩、健康高雅的校园文化，对低俗的非理性文化及各种消极腐败思想也能起到很好的抑制作用，所有这些都有利于学生形成正确的世界观、人生观和价值观。

（二）规范学生的行为是校园文化的重要作用

健全的规章制度及健康的集体舆论对学生的学习、生活及思想言行具有规范作用。师生在校园文化当中生活，必然受到有形的或无形的、有明文规定的或无明文规定的各种规范的要求和制约。同时，受群体效应和从众心理的影响，师生会不断调控自己的行为，逐步融入群体之中，成为群体中的一员。这种规范作用，有助于学生按照学校的规章制度要求自己、规范行为，逐步形成良好的道德行为习惯。校风本身就是一种文化，是一种特殊的环境氛围力量和精神因素，这种无形的力量促使学生自觉规范自己的行为，养成良好的道德品质和行为习惯。①

（三）引导学生的认知是校园文化的独特功能

校园文化是一种特殊的社区文化，具有鲜明的精神文明和德育特性，蕴含在校园文化中的时代精神和当代要求能够对学生的认知与追求产生积极的指导作用。校园文化包含非常丰富的审美因素，不但可以提高学生的审美情趣、认识水平，而且可以使学生深刻地认识真、善、美，辨别假、恶、丑，这有利于培养学生广泛而有益的兴趣爱好、高雅的文化品位、活泼开朗的个性品质、文明礼貌的行为习惯。

（四）凝聚激励学校成员是校园文化的主要功能

校园文化作为一种文化现象，不仅体现在师生所创造的物质和精神

---

① 徐廷福．校园文化的德育功能及其强化［J］．黑龙江高教研究，2003（2）：61-63.

产品中，更体现在师生参与和创造校园文化的交往活动中。在形成校园文化的活动中，学校的好人好事、决定决议、时尚风尚以及社会新闻、时事政治等，都会通过学校的网站、微信公众号、微博、广播站、校报、校刊等迅速传播，并在学生中产生共鸣，形成联动效应。健康向上的校园文化占领了学校阵地，就能引导学生自觉抵制各种不良的社会思潮对学校的渗透和影响，净化育人环境。校园文化通过引导认知形成正确的舆论导向，并践行社会主义核心价值观，把校园中的每一个成员凝聚起来，并激励他们朝着良性方向发展。

（五）锻炼学生的实践能力是校园文化功能的直接外化

以创建活动、达标活动、争先创优活动及各种竞赛活动为载体的校园文化对于学生树立强烈的竞争意识和参与精神有着极为重要的意义。它既增强了学生的竞争意识，又使学生在争创活动中受到锻炼，提高竞争能力。在校园文化建设中，学生既是校园文化建设的主力军，又是行为主体，是校园文化的参与者和组织者。丰富多彩的校园文化既可以培养学生的兴趣特长及创造能力，提高学生的动手能力，鼓励学生树立热爱劳动的观念，还可以磨炼学生的意志，提高学生的组织管理能力，为他们以后走向社会实现更好的发展奠定坚实的基础。

第二节　校园文化建设的主要内容

校园文化作为学校的灵魂，表现为不同的层次：一是体现在校园环境的硬件建设上，即校园物质文化；二是体现在学校的文化行动上，即校园行为文化；三是体现在学校的各项规章制度中，即校园制度文化；四是体现在学生的精神及思想上，即学校精神文化。① 因此，可以说校园文化包括校园物质文化、校园行为文化、校园制度文化和校园精神文化。校园物质文化、校园行为文化、校园制度文化、校园精神文化这四者之间相互交融、相互渗透，构成了校园文化的特殊影响力。

校园物质文化是校园文化外在的表现和标志，它映照着校园文化的历史积淀和样式，是其他文化形态存在和发展的基础。良好的校园物质文化有助于学生确立高尚的人生理想、健康的人生哲学和乐观的人生态度。校园里的一尊雕塑、一幅壁画、一株花草，只要安置得合理，就可以收到很好的艺术熏陶效果。校园物质文化多种多样，根据不同的划分标准可以划分为不同的类型，主要包括校园建筑、校园雕塑、校园服装三种表现形式。校园建筑一般通过建筑物的造型、建筑物的空间布局来表现一定的思想内容和价值追求，这些隐性的信息不知不觉地为学生所接受，内化为学生的思想观念并通过一定的方式表现出来；校园雕塑则是通过纪念性雕塑、象征性雕塑、激励性雕塑等来表达学校的审美思想、德育意愿和民族感情等；校园服装则是直接将校园群体的特征与风格外化显现，师生在课堂上穿着整齐，也是尊重对方的一种良好体现。

---

① 张鹏. 校园视觉文化中隐性价值的研究［M］. 北京：人民教育出版社，2008：2.

校园行为文化是校园文化中最活跃的动态层面，是师生根据一定的教育目的而采取的行动，是师生价值观的外在反映。校园行为文化一般包括教学科研活动、组织管理工作、课外文化活动以及后勤服务等，体现着校园文化的独特风貌，[①] 是师生员工在教学、科研、学术交流、生活娱乐等活动中产生的文化。办学特色、活动宣传、文体活动等产生的校园行为文化现象既是办学理念、精神状态的动态体现，也是学校精神和价值观念的折射。集娱乐性、知识性和实践性于一体的课外文化活动，严谨规范的组织管理，井然有序、热情周到的后勤服务，都会对学生产生积极的影响，是对学生进行文化素质教育的重要形式。在学校中，最受人敬重的是那些集中体现学校传统精神，具有独立思想、学术成就斐然的学者、教授。他们以其为人、为教、为学的品格、气质以及惊人的创造力，潜移默化地影响着师生员工。他们的行为为后来学子所仿效、传颂，这种生生不息的传承也是校园行为文化中不可或缺的一部分。

校园制度文化是历史传统与时代精神的统一，是校园人的活动准则，是学校各项工作正常有序进行的重要保证。制度是要求成员共同遵守的按一定程序办事的规程或行动准则。制度文化是人类为了自身生存、社会长远发展的需要而主动创制出来的有组织的规范体系。制度产生于一定的社会文化环境之中，制度文化是介于有形的物质文化和无形的精神文化之间的物化了的心理和意识化的物质。它对主体的社会行为以及价值取向具有重大影响，决定人们的行为选择和对事物的评判标准。校园制度文化作为校园文化的内在机制，包括学校的传统、仪式和

① 史洁，冀伦文，朱先奇. 校园文化的内涵及其结构［J］. 中国高教研究，2005（5）：84-85.

规章制度，是维系学校正常秩序必不可少的保障机制，是校园文化建设的保障系统。只有建立起完整的规章制度，规范师生的行为，才能建立起良好的校风，才能保证校园各方面工作和活动的开展与落实。校园制度文化反映了学校的文化准则，它在发挥规范作用的同时，对学生有导向、调控和纪律训导的作用。校园制度文化不仅对学校教育教学的有序进行有保障作用，而且是激励学生积极向上的动力。[①] 在制度的制定、颁布、实施过程中对人的行为价值取向的引导和对其心理的内化是校园制度文化建设的最终目的。

精神文化是人类在从事物质文化生产基础上产生的一种特有的意识形态，它是人类各种意识观念形态的集合。校园精神文化是校园文化的核心，是学校发展的灵魂，是校园的精神存在和精神价值，是校园显性文化和隐性文化的有机结合。校园精神文化主要包括学校的文化传统、学风教风、人际关系、心理氛围以及校园群体的世界观、价值观、道德观等因素，它集中反映了一所学校的特殊本质、个性及精神面貌。校园精神文化是由全校师生共同构建的一种精神理念和文化氛围，是在学校发展过程中逐步形成的价值观、行为方式上的一致性。不同的学校在校园精神文化方面各有特色，但校园精神文化作为学校办学理念的重要体现，在提高学生个人修养、引领良好校园氛围、促进学校内涵式发展等方面具有本质上的共通性。

---

① 赵明，蔡彪．论高校校园制度文化的功能性及建设路径［J］．中国成人教育，2015（10）：75-76.

第三节　多层面、全过程、多形态推进校园文化建设

校园文化建设是一个由表及里、由浅入深的系统工程，也是一个漫长艰巨的过程，具有多形态、多层次、多侧面、多角度的特点。要以社会主义核心价值观引领校园文化建设，加强社会主义核心价值观与校园文化建设实践之间的联系，落实立德树人根本任务，培养全面发展的新时代人才。

一、校园物质文化的建设是推进校园文化建设的基础

校园是育人之地，校园物质文化建设需要担负起育人的功能，它不仅仅是环境和景观的设计，必须富有文化的内涵，需要体现文化的意境。学校要通过校园物质环境和景观的设计传递文化意蕴，表达教育的精神和理念。① 推进校园物质文化建设必须处理好人、文化、环境三者之间的关系，通过设计组成环境整体的各种因素，向人们传递一种寓有文化意味的审美信息。无论是整体的室外物质设施，还是局部的室内物质设施，都应美观大方、错落有致、格调高雅、赏心悦目。校园环境在满足功能实用的前提下，还要通过环境的景观特征和令人愉悦并富有文化意蕴的形式，给人以潜移默化的情绪影响和精神启迪，展示学校自身的形象和生命力。

（一）创造环境

人在环境中成长，环境在无声中育人。学习是一种艰苦的创造性劳

① 刘英. 境生景外——论校园文化建设与校园环境设计［J］. 艺术百家，2010（8）：138-139.

动，只有主体的心灵处于凝聚虚静的状态，才可能激活内在的心理机制，实现富有成效的学习，培养出高远的心态与质朴的气质。这种心境的形成，往往是人与环境在心灵上感应与契合的结果。校园环境应是一块宁静的绿洲，校园环境建设应重视阳光、空气、绿化在环境中的核心地位，巧借自然风光，把湖光山色、花草树木、奇石流水等一切具有审美魅力的自然景观巧妙地组织到学习、生活环境中来，形成各具魅力的自然文化景观。①

（二）传承历史

每所学校都会有历史积淀，每个校园在发展中都留下了不同时期的建筑和人文景观。校园中的历史遗迹作为文化的结晶和凝结物，见证了一所学校的成长过程。作为一种艺术品，校园中留下的历史遗迹能丰富环境，使周围环境具有一种时间上的连续性。对这些历史遗迹应精心保护，认清其价值，发挥其独特的教育作用。校园中的建筑和人文景观往往与某个重大的历史事件或与某个名人有联系，从而具有特殊的内涵和魅力，给师生以精神上、品格上的熏陶。

（三）体现特色

学校特色是学校在长期的教育实践活动中所形成的独特的办学风貌或教育风格，是学校积极的、进取的、个性的表现，也是校园文化建设的核心。在校园物质文化建设上，应处处体现学校的特色。学校的整体规划、建筑景观、学习活动场所、宣传警示语、校服校徽等都应该倾注人文关怀，彰显学校特色，从而促进学生行为习惯和美德的养成，从文化方面烘托和升华学校的办学精神和办学理念，使学校的特色更加突出。

---

① 马来焕. 校园文化价值取向［M］. 北京：北京理工大学出版社，2012：14.

（四）和谐多样

在校园物质文化建设的过程中，不仅要考虑不同区域的建筑内外空间的功能，也要重视建筑物周围的环境及不同区域间的过渡，使绿树、草坪与各种建筑楼群相互衬托，相互辉映，错落有致，形成一种流动的节奏韵律。理想的校园环境，应特征鲜明，景观层次丰富，环境中的一切显得自然、随意。校园里应为学生提供充足的室内室外学习与活动场所，进一步充实学生的精神文化生活。在进行这些空间布置时，应考虑空间的公共性与私密性，使学生在心理上产生一种领域感和依托感，使学生愿意停留，沉浸于环境所创造的气氛之中。

二、校园行为文化建设是校园文化建设成果的外化存在

行为文化是人们在日常生产生活中表现出来的特定行为方式和行为结果的积淀，这种行为方式是人们所作所为的具体表现，体现着人们的价值观念取向，受制度的约束和导向。校园行为文化是师生在行为和活动中所表现出来的文化形态，包括师生的思维方式、行为方式、生活方式以及在此基础上形成的校风、教风和学风。

校风是学校的风气，是学校的一种集体行为风尚，是一种无形的环境因素，在教育过程中发挥着特殊作用。它无形地支配着集体成员的行为和集体生活，通过集体成员的荣誉感、自豪感、责任感、归属感、认同感、支持感等发挥作用。教风是教师在教学、科研和育人方面的风气，包括教师的职业道德、教学态度、教学水平、教学方法、教学效果以及教师的学术水平、教学研究能力等等。学风是学生在长期的学习过程中形成的一种相对稳定的学习风气与学习氛围，是学生总体学习质量和学习面貌的主要标志。学风既是一种学习氛围，又是一种群体行为，

可以使学生受到潜移默化的熏陶和感染。优良的学风可以内化为积极向上的精神动力。[①] 校园行为文化建设必须在校风、教风和学风建设的基础上进行。

（一）重视师德，引领学风建设，立德树人

学风和教风是相辅相成的。加强教风建设，必须重视师德的培养，加强教师教学过程的管理，不断提高教师的职业道德、教学艺术、教学效果与自主学习的能动性和积极性，增强教师的课堂管理意识和教书育人意识。新时代要求教师落实立德树人根本任务，增强教师的责任感、使命感、荣誉感，规范职业行为，明确师德底线。教师要成为有理想信念、有道德情操、有扎实学识、有仁爱之心的好教师，以卓越的师德、师风、教风引领学风，立德树人，建设优秀的校园行为文化。

（二）牢抓思想，融入核心价值，引导成长

思想支配行动，只有思想端正，才能行为端正。要建设优秀的校园行为文化，思想政治教育工作尤为重要。要在丰富多彩、行之有效的思想政治教育活动中，融入社会主义核心价值观，教育和引导校园人树立正确的世界观、人生观和价值观。坚持贴近实际、贴近生活、贴近学生，把思想认知和具体实践结合起来，把解决思想问题和解决实际问题结合起来，把教育引导和人文关怀、心理疏导结合起来。[②] 利用互联网的互动性、开放性、迅捷性特点，积极探索网上引导的有效方式，充分调动学生学习的积极性和创造性，向内促进核心价值不断演化为学生的价值取向，向外推动自觉的实践和行动。

---

① 刘东. 论教风、学风、校风和校训［D］. 呼和浩特：内蒙古师范大学，2013：6-9.

② 张陟遥. 核心价值体系引领校园文化建设的实践向度探析［J］. 中国青年政治学院学报，2011（6）：39-42.

（三）开展活动，构建教育链条，实践育人

丰富多彩的课余生活不仅能增强学生的生活情趣，扩大他们的审美视野，还能锻炼他们的实践能力与社会交往能力。精心设计的校园文化活动具有丰富的内涵，不仅能起到思想教育作用，而且有助于形成良好的行为文化。校园文化活动要系列化、特色化、常规化，构建校内外紧密衔接的教育链条，努力打通课内课外、校内校外教育的各个环节，积极为广大学生提供立体化的教育模式、多元化的课堂形式和个性化的学习条件。

三、校园制度文化建设是推动校园文化建设的重要保障

校园制度文化不仅是促成学生养成良好行为习惯的重要管理机制，也对学生道德行为的形成起到导向作用。要根据时代发展的要求，结合学校实际，针对学校各级领导、教师、学生和员工的情况，制定切实可行的行为规范，为形成优秀校园文化提供制度保障。

（一）加强校园制度文化建设的价值导向

学生乐于接受新思想、新观念，个性张扬、自由开放，通过制度对他们进行适度的约束，使制度文化中蕴含的精神体现在他们的思想和行为中，培养他们对制度文化的认同和信仰是新时期校园文化建设的重中之重。校园制度文化是一项综合性的工作，涉及学校各个部门，不仅要与学校总体建设相适应，还要与未来社会的人才需求相适应。这些都要求建设校园制度文化必须坚持教育的“三个面向”，以科学育人与制度育人相结合的现代化教育观指引制度的制定与制度文化的塑造。①

① 马来焕. 校园文化价值取向［M］. 北京：北京理工大学出版社，2012：24.

（二）构建以学生为本的校园制度

让学生参与校园制度制定，能够真正满足学生的需求，充分调动学生的积极性、主动性，实现学生的主体性发展。[①]校园制度的执行要凸显人性化理念，在规范学生、约束学生的同时，又要尊重学生、理解学生、激励学生、教育学生，为学生营造一个井井有条、规范有序、关系融洽的制度环境，给予学生一定的自主发展空间。同时，引入学生反馈机制，了解制度执行情况。只有当校园制度文化这种“外在文化”转变成全体校园人的“内在文化”时，其育人功能才得以实现。

四、校园精神文化建设是推动校园文化建设的核心

校园精神文化是高层次的校园文化，体现学校的历史传统、价值体系和理想信念，是校园文化的根本着力点，也是校园文化建设成功的关键和核心所在。

（一）坚持正确的指导思想，弘扬主流价值

坚持正确的指导思想，弘扬社会主义、爱国主义主旋律，是社会主义文化健康发展的内在要求，也是校园文化建设的灵魂。[②]马克思主义理论及思想政治教育工作是校园文化建设各要素中的灵魂。在校园办学的理念上，最重要的是坚持社会主义办学方向，坚持以马克思主义为指导。[③]要加强对师生的思想政治教育，宣传主流价值，这样才能在校园文化建设中体现和融入社会主义核心价值观。在经济全球化和价值多

---

① 和学新，储君．基于学生核心素养发展的校园文化建设［J］．教育科学研究，2018（2）：54-58.

② 马来焕．校园文化价值取向［M］．北京：北京理工大学出版社，2012：28.

③ 何春涛，李景春．以思想政治教育引领校园文化建设［J］．教学与管理，2018（33）：43-45.

元化的背景下，发挥社会主义核心价值观在校园文化建设中的统领作用是中国特色社会主义校园文化建设的必然要求。教师要关注学生思想动态，研究各种社会思潮对学生的影响，以主流价值和主流观念影响人、塑造人。只有坚持习近平新时代中国特色社会主义思想，才能牢牢把握校园文化建设的正确方向，这既是校园文化建设的出发点，也是校园文化建设的归宿。

（二）建立和谐的校园人际关系环境

在学校纷繁复杂的活动中，最主要的活动是教学。同时，教师在与学生接触过程中的表现也将带给学生直接的心灵感受和情绪反应，对学生有着明显的示范和引导作用，对学生的成长成才有着广泛而深远的影响。[①]因此，在学校的人际关系中，师生的人际关系尤为重要。师生之间互相尊重、和谐相处，有利于形成安定有序的相处模式，形成共同发展的和谐氛围。教师的道德人格是任何教科书都不能代替的一种教育力量。如果一个教师具有乐于献身教育的精神、诲人不倦的敬业态度，那么他所起到的教育影响是课堂授课所无法企及的。这些重要的教育影响决定了教师资源是一种重要的德育隐性资源。[②]“随风潜入夜，润物细无声”，和谐的师生关系具有无形的力量，置身于其中就会受到潜移默化的感染。教师应该真诚对待学生，不漠视、不歧视任何一个学生；注重人文关怀，在教学的过程中以情感人、以理服人、以智启人。当学生感到教师是一个与自己平等的人，是一个可以信任的朋友时，师生之间

---

① 周佳．高校行政人员师德建设的原则和路径研究［J］．兰州教育学院学报，2014（4）：61-63.

② 刘中胜．隐性德育课程视角下的校园文化建设［J］．学校党建与思想教育，2010（11）：82-83.

才能形成良好的人际互动，形成一种相容的心理氛围。只有在这种氛围中，学生才能够提升个人价值认同，[①] 自觉接受、传播和践行社会主义核心价值观，并积极投身于校园文化建设。

校园文化建设的目的在于营造一个有利于学生身心健康成长的校园环境，其出发点和最终的落脚点都是人的发展。校园文化建设以文化为载体，着眼于精神建设，直接服务于师生的全面发展。要以习近平新时代中国特色社会主义思想引领校园文化建设，不断探索校园文化建设规律，着力培养德智体美劳全面发展的社会主义建设者和接班人。

① 裴秋芬. 校园文化建设的三重价值维度研究［J］. 学校党建与思想教育，2019（4）：79–81.

第十一章　重视家庭教育和社会教育

习近平总书记在2018年全国教育大会上指出：全社会要担负起青少年成长成才的责任。教育不仅关乎个体发展、家庭幸福，更关乎国家强盛、民族复兴。发展教育事业，家庭、学校、政府、社会要共担责任，形成合力，共同推动教育现代化的实现。

第一节　重视家庭教育

习近平总书记在2018年全国教育大会上指出：家庭是人生的第一所学校，家长是孩子的第一任老师，要给孩子讲好“人生第一课”，帮助孩子扣好人生第一粒扣子。真正的教育，从来就不只是学校的事情，更是家庭、学校和社会共同的责任。尤其是家庭教育，发于童蒙、启于稚幼，是青少年性格养成、品性端立的根基，更需要认真对待。

一、家庭教育在培养人才的过程中具有无可替代的重要作用

家庭教育是家庭成员之间的相关影响与教育，通常指父母或其他年长者对儿女辈进行的教育，包括：在儿童入学前，使他们在身心健康发展方面奠定初步基础，为接受学校教育做好准备；在儿童入学后，紧密配合学校，督促他们完成学校规定的学习任务，继续关心他们的身体健

康，发展他们正当的兴趣爱好，培养他们良好的道德品质。家庭教育是社会整个教育事业的重要组成部分，具有奠基性、感染性、针对性、灵活性和社会性，对儿童整个人生的未来发展具有不可代替的作用。

改革开放以来，我国家庭教育政策经历了基本规范初步构建（1978—2000年）、政策框架初步形成（2001—2010年）和政策体系逐步完善（2011年至今）的发展过程。1992年2月，国务院颁布《九十年代中国儿童发展规划纲要》，围绕家庭教育立法、家庭教育育人机制、家庭教育课程建设、家庭教育工作队伍建设和家庭教育政策宣传机制等方面构建了相对完整的家庭教育政策框架思路。2002年5月，全国妇联、教育部联合颁布《全国家庭教育工作“十五”计划》，将家庭教育工作的科学化、社会化、法制化提上日程。此后，家庭教育政策建设的步伐加快，对于家庭教育重要性的界定更加明确，教育部门在家庭教育政策制定中的主体作用越来越凸显。

家庭教育在我国的发展模式逐渐由一元主导转变为多元协同。改革开放以来，首先，家庭教育的政策定位从家庭事务逐步发展为国家关注。“历史和现实告诉我们，家庭的前途命运同国家和民族的前途命运紧密相连。我们要认识到，千家万户都好，国家才能好，民族才能好。”① 习近平总书记深刻地揭示了中国梦与家庭梦的关系，只有实现中华民族伟大复兴的中国梦，家庭梦才能梦想成真。实现中国梦，必须凝聚起每个家庭的力量。其次，家庭教育逐渐获得中共中央、国务院以及全国众多机构的支持和重视。这一方面是因为国内经济社会发展的现实需要，另一方面也是因为深受国际发展环境和国际竞争的影响。20世

---

① 习近平．在会见第一届全国文明家庭代表时的讲话［N］．人民日报，2016-12-16.

纪80年代以来，世界多个国家依据国际趋势和本国具体情况改革教育体系，均将家庭教育作为重要的组成部分。家庭教育是学校教育永远的背景和永远的底色。将家庭教育纳入政府工作体系，制定专门的家庭教育政策，不仅符合家庭教育的国内外发展趋势，更是全面推进依法治国、全面推进依法治教、提升教育治理体系与治理能力现代化的需要。最后，家庭教育的责任分工从家庭逐步转变为部门协同。家庭教育责任主体的变迁主要体现为由传统的单一强调父母或其他监护人的教育责任，转变为政府、学校、社会对家庭教育的支持与指导，帮助家长转变教育意识、增强教育能力、改善教育方法。

现实中，我们常发现一个问题孩子的背后往往是一个问题家庭。留守家庭、单亲家庭、组合家庭等不同类型家庭存在不同的家庭教育需求，急需政府引导、政策干预和社会支持。家庭教育不该只是家务事，应当成为全社会的共同焦点。

二、新时代下的社会发展需求对家庭教育提出了新的挑战

我国社会主要矛盾变化对家庭教育的发展提出了新的要求。目前，家庭教育领域还存在发展不平衡不充分的问题。不同区域、不同经济发展水平和不同类型家庭间的家庭教育观念、家庭教育方法和家庭教育效果间存在明显的差距，这种差距影响并放大了宏观上的教育不平等，对解决教育领域的不平衡不充分提出了新的挑战。

教育综合改革的进行和社会整体的发展也在家庭教育领域引发了新问题。据相关部门统计，截至2017年8月，全国无人监护的农村留守儿童有33.7万人；部分家长教而不当，“重智轻德、重知轻能、重养轻教”等现象在一定范围内广泛存在。据全国妇联家庭教育状况调查显

示，50%的家长不知道用什么方法教育孩子。多数父母存在不同程度的养育焦虑，由于过度关注孩子的学习状况，缺乏对孩子思想品德、行为习惯的养成和综合能力的培养。如何破解这些新问题，是摆在家庭教育面前的重大课题。

家庭冲突是影响家庭教育发展质量的重要隐患。家庭必须满足各种社会需要和个体需要，本身具有引起冲突的特性。在传统家庭中，民俗、家规和家长权威控制等功能可使冲突缓解或消失。但在现代家庭，这种传统功能削弱，个人自由度增加，因而固有的矛盾与冲突加剧。气质不合、文化模式差异、社会角色改变、经济压迫、感情不融洽等都是引发家庭冲突的因素，能使家庭关系失调，结构破坏，家庭生活无法正常进行，进而导致对子女的教育失去常态下的良好条件。①

三、发展家庭教育要重视在家庭中树立良好的教育理念

家庭是教育的起源和根基，推动家庭教育发展，必须完善家庭教育相关政策法规，赋予家庭教育与学校教育、社会教育同等重要的法律地位，从法律上保证家庭教育成为具有强制力的社会行为，从而保障家庭教育的正常实施。2016年，全国妇联提出《关于将制定出台〈家庭教育促进条例〉纳入国务院法制办立法规划的建议》，从目的、功能、主要内容三个方面对家庭教育立法进行了阐述。2018年两会期间，部分全国人大代表建议将制定家庭教育法列入全国人大五年立法规划。家长的言传身教对孩子的影响巨大，孩子会模仿家长的行为。家长不尽责，仅靠学校和教师是无法取得良好的教育效果的。用法律来约束家庭教育

① 顾明远. 教育大辞典［M］. 增订合编本（上）. 上海：上海教育出版社，1998：666.

是对孩子在家庭中的教育主体地位最好的保障。

发展家庭教育要以家庭为对象传播家庭教育学的重要观念，提升家长的教育意识。家庭教育学是教育学的分支学科，以父母或其他年长者在家庭生活中对子女或年幼者进行教育的特殊矛盾为研究对象，主要包括家庭教育与社会关系，家庭教育的特性、目的、内容、原则、方法、途径，以及家长的修养等。现代家庭教育是终身教育。对不同的家庭成员而言，家庭教育的内容与方式要有侧重点和特色，才能达到教育的目的，取得教育的成效。

第二节　重视社会教育

现代社会发展，使人的社会化环境走向开放和多元。社会教育是个体社会化过程中除家庭教育、学校教育外的重要教育力量。面向2035加快推进教育现代化，必须构建学校教育、家庭教育、社会教育有机结合的协同育人机制，建设适应社会发展需要的社会教育体系。

一、人的发展是社会教育的核心理念

社会教育的基本含义有广义和狭义之分。广义的社会教育，是指有意识地培养人、有益于人的身心发展的各种社会活动；狭义的社会教育，是指学校和家庭以外的社会文化机构以及有关的社会团体或组织对社会成员所进行的教育。自20世纪中叶起，随着科学技术发展对社会生活影响的日益广泛与深入，教育社会化和社会教育化的趋势悄然而至，越来越引起人们的注意和研究，并以一种现实的力量作用于现有的教育系统。

（一）社会教育的主体具有复杂性

社会教育以社会全体成员为对象，这决定了只要是对社会全体成员施以影响的各种活动的主体，都可以看作社会教育实施的主体。政府、团体或私人（主要是他们所设立的文化教育机构）等都是社会教育的主体。社会教育实施主体的多样性，决定了社会教育的实施必须协调好各个主体的关系，这是实施社会教育的关键。

（二）社会教育的对象具有广泛性

社会教育对各个年龄阶段、各行各业的人都有重要意义。以往对

社会教育的认识仅局限于对青少年的校外教育，当下，社会教育服务对象已远远超出青少年，而扩展到了全社会，包括儿童、青少年和成人，是社会中每一个具体的人，社会教育的宗旨就在于发展全民教育及终身教育。社会教育已成为现代社会教育体系中不可忽视的重要组成部分。

（三）社会教育的内容具有丰富性

社会教育主体的多样性决定了社会教育内容的广泛性。不像学校教育具有诸多限制，社会教育没有年龄、时间、地点等局限。同时，社会教育把教育同社会生活、生产劳动、休闲娱乐等连贯起来，打破了学校教育那种封闭式的教育体系，具有极大的开放性。这种开放性使社会教育内容纷繁复杂，一方面增强了社会教育内容的丰富性，但另一方面，也使社会教育的内容变得难以确定，在一定程度上增加了社会教育结构化、体系化的难度。

（四）社会教育的形式具有多样性

社会教育对象的广泛性和社会教育内容的丰富性，促使社会教育形式的多样性。社会教育的开展形式具有极大的灵活性和多样性。社会教育没有制度化教育的严格约束性，很少受阶级、地位、年龄、资历的限制，能很好地体现教育的民主性。影剧院、博物馆、图书馆、公园等都是进行社会教育的重要场所。社会教育的形式多种多样，包括培训班式、讲座式、函授式、媒体传播式、展馆式、自学式等。随着网络技术的发展和应用，社会教育的形式将更加多样化，网络社会教育将有望成为社会教育发展的新趋向。

（五）社会教育的方式具有补偿性

由于社会教育在实施形式方面的多样性，以及20世纪后半期终身教育、终身学习、继续教育等观念逐步出现并深入人心，人们开始意识到现代人的成长已不完全局限于学校，仅仅凭借在学校中学到的知识已无法跟上社会发展的脚步。社会教育不仅面向学校，面向青少年，更面向社会中的成人劳动者。这不仅可以弥补学校教育的不足，而且可以满足成年人继续学习的要求。社会教育作为对学校教育的重要补偿方式，越来越受到人们的重视。

（六）社会教育的领域具有广阔性

社会教育是和家庭教育、学校教育并列的教育领域，这已经是共识。现代的社会教育不仅具有独立形式，而且日益渗入社会生活的方方面面，越来越表现出与社会的政治活动、生产劳动、社会生活、娱乐活动的密切结合。随着社会教育领域越来越广阔，社会教育发挥作用的范围也将越来越广泛。

社会教育是一种有意识的教育活动，是可以规范和组织的。现代终身教育、全民教育和学习化社会的建设为社会教育的发展提供了广阔的空间。重新解释社会教育、发展社会教育的理论与事业在今天有着十分重要的现实意义。[①]

二、社会教育具有提升全民素质的重要价值与意义

自近代以来，众多教育家关注社会教育，认为，社会教育可以“开民智”。在中国，教育的大众化只依靠发展学校教育是完成不了的，必须使学校教育与社会教育并重发展，开“民智”，启“民心”。

当前，我国社会教育事业发展与国际社会教育事业发展相比，仍显

---

① 王雷. 社会教育概论［M］. 北京：光明日报出版社，2007：41-44.

薄弱。在日本，社会教育具有行政地位，有专门的社会教育法，大学有社会教育专业、社会教育学科和社会教育研究人员，社会教育领域拥有自己的学术地位和体系结构。我国以人的发展为最终教育目标，教育大众化是其中的重要一步，这不是仅仅依靠学校教育所能完成的，必须发展社会教育。随着科技的高速发展，社会的需求也在不断变更，终身学习理念越来越受到重视，新时代对高素质劳动者的需求超越以往任何时期，建设适合中国国情的现代社会教育体系迫在眉睫。

三、完善社会教育体系实施策略，促进社会教育全面发展

教育现代化的推进必须坚持社会与教育的良性互动，不断推动社会教育发展，形成学校教育、家庭教育、社会教育互补的大教育体系，促进终身学习的社会制度体系形成。[①] 充分发挥社会教育的育人功能，要做到以下几点。

首先，完善社会教育的相关政策法令。社会教育法是调整社会教育中各种教育关系的部门法。我国社会教育仍是整个教育体系中的薄弱一环，更需要国家站在大局视角上全面构建从学龄前到老年的完整教育体系，注重统分并进，同步制定出台一系列的专项规划，从而规范和调整社会教育的形式和内容，明确社会教育的管理机构和监督机构的职责，保障社会教育的实施。

其次，建构社区学习共同体。2016年，《教育部等九部门关于进一步推进社区教育发展的意见》提出要建设学习共同体。社区学习共同体是生活在社区中的居民因共同学习而结成的实现人的生命成长和建立守

---

① 薛二勇. 新时代推进教育现代化的新征程开启［N］. 人民政协报，2019-02-27.

望相助关系的群体。在这里，学习者摒弃了学习的社会功利性，成员之间互为师生，自主选择学习内容和方式，自我评价学习成效。学习者关注的不是学习结果而是学习过程，并能在平等互助共享的学习过程中建立起强烈的归属感。在这里，学习以实现的人的生命价值为目的，不仅可以增长知识、转变观念，更重要的是改变了人的行为和生活状态。社区学习共同体有助于居民对所在社区产生认同感和归属感，能够有效促进社会和谐稳定与个人美好生活的实现。[①]社区学习共同体是一个庞大的系统，面向中国教育现代化2035，需要进一步研究社会教育、终身教育和终身学习以及知识社会和学习社会，加速公民的素质、能力、观念、思维方式、生活方式的转换与提升。

最后，构建良好的社会教育场所。开展社会教育，需要一个载体或基地。日本的公民馆是政府投资建立的公民活动场所，在全日本约有19 000个公民馆，相当于在城市中有一所中学就有一个公民馆，在农村中有一所小学就有一个公民馆，其覆盖面相当广泛。公民馆的重点是整合各项功能以便综合利用，为社会教育的良好发展提供了基础。当下，我国应当加大社会教育的投入力度，完善社会教育场馆与设施设置，满足广大民众的学习需求。

人的全面发展需要全面发展的教育体系，家庭教育、学校教育和社会教育必须全面规划与开展。实现人的全面发展是《中国教育现代化2035》提出的目标，我们必须构建家庭教育、学校教育和社会教育三位一体的全面发展教育体系，建立人人愿学、时时可学、处处能学、学有所成、学有所用、学有所乐的新时代学习型社会。

---

① 汪国新，余锦霞. 社区学习共同体的四大支柱［M］. 杭州：浙江大学出版社，2016：10.

第十二章　完善教育质量监测体系

党的十九大明确提出建设教育强国是中华民族伟大复兴的基础工程，必须把发展教育事业放在优先位置，提高全民族、全国人民的科学文化水平和素质能力，造就社会、国家所需要的各类人才，加快教育现代化。面对新形势、新任务，为准确把握发展更高质量教育的需求，需加强对教育质量的重视，积极构建教育质量监测机制，建立更加科学公正的考试评价制度，建立全过程、全方位人才培养质量反馈监控体系，使我国教育事业不断朝着更优质、更有效率、更公平的方向前进。

第一节　加强对教育质量的重视

中国特色社会主义进入了新时代，社会不断进步，科技不断发展，人民向着美好生活迈进。随着国家的强盛与社会的不断进步，大众对教育的需求也变得更为突出。优质教育、教育公平、个性培养、人才培养等成为现代教育发展的关键，而其中，提高教育质量是教育现代化的核心内容。

教育质量是教育的基础，教育质量的优良决定着能否培养出国家和社会所需的人才。只有良好的教育质量才能为优秀人才的培养提供保障，因此需要构建教育质量评估监测机制，以确保教育质量过关。考试已成为选拔学生、选拔人才的必要途径，这是由我国人口基数及环境所决定的，这就要求国家建立更加科学公正的考试评价制度，让每个人都能展现自我的价值。人才是国家前进的基础，具有不可替代性，所以必须建立全过程、全方位人才培养质量反馈监控体系，确保人才培养质量，为国家的发展提供强有力的支持。

为发展中国特色世界先进水平的优质教育，使教育在更具系统性、整体性和制度性的视角上推进现代化，[①]有必要站在保障人才培养质量的战略角度，进一步科学构建教育质量监测机制，建立健全更加科学公正的考试评价制度，建立完备的人才培养质量反馈监控体系，实现人才强国，建设教育强国。

---

① 方中雄．面向2035年的首都教育现代化变革趋势［J］．北京教育（高教），2019（1）：9-13.

第二节 构建教育质量监测机制

建立健全教育质量监测机制是反馈并调控教育质量的有效手段。在构建教育质量监测机制的过程中，首先，要明确教育质量标准，分别从社会性标准、教学性标准和个体性标准三个方面做出判断；其次，要从监测目的、内容、方法和结果的利用四个方面建立教育质量监测机制；再次，要充分发挥教育质量监测机制促进社会、学校和学生三方面共同发展的作用；最后，构建“目标—内容—实施—保障”四位一体的实施框架，推动教育质量监测机制服务于教育全过程。

一、建立教育质量监测机制的前提是要明确教育质量标准

教育质量包含多个方面的内容，可以通过不同角度分析及评判。简单来说，教育质量是指是否满足来自各个方面的要求。从教育需要向学习者传播知识与技能的角度出发，教育质量表现为在整个教学活动中，学习者所需掌握的知识与技能的深度与广度；从教育需要促进社会发展的角度出发，教育质量表现为学生的综合素质达到社会认同的标准。总的来说，教育质量是指在学校及其他具备教育职能的机构中，从事教育活动的教师所培养出的学生符合当时国家及社会所需达到的标准的程度。[①] 教育教学是多元化的，教师会根据不同的教育教学目标和学生的特点，采取不同的教学方法和培养方式，因此，教育质量的评价方式不尽相同。

---

① 许世红，黄小平，王家美. 基础教育质量监测研究［M］. 广州：广东高等教育出版社，2016：11.

判断当前学校及其他教育机构培养出的学生是否达到一定的教育程度，就需要制定相应的教育质量标准。根据不同的判断主体，教育质量标准可以分为社会性标准、教学性标准和个体性标准三个方面。(1)社会性标准是指当前国家及社会的发展需求，以及所规定与认同的社会法律法规和道德标准，这是判断人才的目的性标准。高质量的人才可以推动社会的变革，促进社会的发展，但同时，也要遵守当今社会和国家所制定的各项法律法规，这样的人才才能称为合格的人才。(2)教学性标准是指国家与教育部门制定的纲领性教学课程标准，以及相应的学科课程标准，这是判断教育质量的必要性标准。只有将学生现有水平与标准进行比较，才能发现学生存在的不足，帮助学生进步，这是符合教育规律的教学过程。(3)个体性标准是指学生在身心健康等方面所需达到的各种标准，这是判断教育质量的基础性标准。教育的本质是使学生的各个方面都得到充分的发展。在学生发展成长的过程中，只以成绩为测量标准是不全面的，也是不科学的，身体素质、心理素质等也是学生发展过程中需要关注的重要指标。从这三方面来制定教育标准是希望学生从多个方面都得到良好的发展，促进学生全面发展，同时也促进国家培养出有利于社会发展的人才。

在有了明确的教育质量标准之后，就需要采用多种手段来监测教育过程，以保证教育质量。教育质量监测通常是指对大规模或较大规模群体采用抽样方式，围绕教育质量以及影响教育质量的相关因素采集数据，根据规模反馈的信息检查对应群体的教育质量是否符合质量标准的活动。[①] 教育质量监测机制的建立是反馈并调控教育质量的有效手段。

---

① 许世红，黄小平，王家美. 基础教育质量监测研究［M］. 广州：广东高等教育出版社，2016：13.

借助教育质量监测明确本国教育发展的现实状况，推动教育的持续改进，已经成为世界各国教育改革的重要举措。[①] 教育质量监测机制包括监测目的、监测内容、监测方法、监测结果的利用四个方面。

（一）监测目的

监测是指监控和测评。教育质量监测就是指通过测评的手段，对收集到的关于学生的信息进行分析评估，以保证学生在学习过程中按照既定的规划路线正常发展成长。实施教育质量监测的目的是为教师提供实践导向，明确教育方向。同时，也需根据所收集到的学生信息评估国家政策规划是否适合学生及社会的发展需求，向国家提供教育质量现状报告，为今后的教育决策提供依据。

（二）监测内容

教育质量监测要以合理的教育理念为依据，根据培养方向选择相应的内容。第一，对学生的学习状况进行监测。当今社会需要的是全面发展的人才，所以教育质量监测的内容不仅包括学生的知识掌握程度，也包括学生的能力与综合实践等方面。第二，对学生的身心健康状况进行监测。身心健康是促进学生全面发展、帮助学生有能力应对未来各种状况的重要基础。

（三）监测工具

教育质量监测要运用科学合理的工具，才能得到具有指导意义的、科学公正的结果。目前我国主要采用试卷作为监测工具，同时伴以不同群体的问卷调查。选择不同难度等级和不同层次的问题来考察教育过程中各个方面的情况，可以得出有效的、层次化的教育质量监测结果。

---

① 李刚，辛涛. 大型教育质量监测项目对特殊教育需要学生的关注及其启示——以PISA、NAEP、NAPLAN为例［J］. 中国特殊教育，2019（2）：3-8.

（四）监测结果的利用

教育质量监测的结果具有重要的指导意义，它不仅可以促进学生发展，为教师提供指导学生发展的方向，而且可以帮助教育行政部门了解教育质量的现状，为教育行政部门做出教育决策提供依据。

二、建立健全教育质量监测机制可以促进社会、学校、学生三方面共同发展

构建教育质量监测机制有利于国家与社会发展。建立良好的教育质量监测机制是保证教育质量的重要机制，也是为今后完善教育政策提供有力依据。在《中国教育现代化2035》《加快推进教育现代化实施方案（2018—2022年）》中，党和国家强调要促进教育的现代化发展，强调建设教育强国是中华民族伟大复兴的基础工程，要把教育事业放在重点地位，以教育现代化支撑国家的现代化发展。提高教育质量是教育现代化的核心要求，科学合理的教育质量监测机制有利于培养出德才兼备，能够满足国家、社会及时代需要的人才，从而促进国家与社会的稳步发展。

构建教育质量监测机制有利于学校的发展。学校可以通过教育质量监测，得到当前阶段教育质量的情况。实施教育质量监测，有助于学校管理者明晰目前学校的教育质量，树立正确的教育质量观，理清办学思路和未来发展路线，解决学校中存在的问题；有助于学校管理者更积极有效地管理学校，积极调动师生的积极性与创造性，使学校更具办学特色；有助于学校优化已有资源的利用并挖掘促进自身发展的新资源，提高办学质量，营造良好的教育氛围。

构建教育质量监测机制有利于学生及教师的发展。实施教育质量监

测，可以帮助学生更加系统地了解自己目前的学习状况，清楚自身处于何种学习阶段，明确自己在学习过程中的未来方向。同时，教育质量监测结果有助于改善学生在学习过程中被动接受知识的状态，促使学生积极参与学习任务，逐渐养成终身学习的理念。对于教师而言，实施教育质量监测可以帮助教师了解学生的状态，便于为学生指明方向并进行辅助性引导，同时也可以引导教师主动进行教学反思，弥补在教学过程中存在的不足，探索更优的教学方法，规范教学行为，与学生共同进步与发展。

三、完善教育质量监测机制需要构建“目标—内容—实施—保障”四位一体框架结构

目前国际上关于教育质量监测大体上可以分为完全独立自主开发并执行的监测、基于已有形式进行周期性监测、优化他人已有机制以符合自身需求的监测以及直接使用他人已经成熟的监测四种机制。① 根据目前的教育质量监测机制类型，可以将其具体实施过程分为以下四个步骤：确定教育质量监测目标，架构教育质量监测内容框架，明确教育质量监测实施路径，建立教育质量监测保障机制。

（一）确定教育质量监测目标

教育质量监测目标需要依据国家及地区制定的课程质量标准、教育教学标准、学生身心健康标准等，面向不同学段进行制定。教育质量监测目标的制定需要体现不同学段的教育教学特点及人才培养目标，突出学生发展核心素养要求。在此过程中，需改变“唯分数论”的思想，注

① 汪琪. 区域教育质量监测体系研究［M］. 杭州：浙江大学出版社，2015：62.

重全面综合发展的教育理念，注重突出教育质量监测的诊断性特点，为今后教育改革和教育决策提供指导。

首先，义务教育阶段是为学生今后的发展打下坚实基础的阶段，该阶段教育质量监测目标的制定要以学生为本，一切从促进学生全面发展出发。教育质量监测目标的范围要广泛，既能肯定学生已经取得的成绩，也能反映学生存在的问题与不足，推动学生学习水平的提高。教育质量监测目标还应包括学校的办学质量，在监测过程中促进深化课程与教学方法改革，推进义务教育学校标准化建设。

其次，高中教育阶段是学生个性化形成及自主发展的重要阶段，该阶段的教育质量监测目标主要是学生自主学习的能力、自立自强的意志和适应社会的技能。通过实施教育质量监测，引导综合高中探索发展模式，推动办学体制的多样化发展。

再次，职业教育阶段的教育质量监测目标要以职业需求为导向，对接行业标准、职业标准和岗位规范。监测目标的制定要能反映出职业教育学生的职业素养和可持续发展能力，并紧跟时代发展和社会需求。

最后，高等教育质量监测目标的制定要紧跟时代发展要求，满足多样化高等教育人才培养需求。监测目标的制定应建立在明确人才培养目标和学科专业要求的基础上，注重提升学生的专业素养和创新创业能力，提升高等学校科学研究与创新服务能力，适应现代化建设的需求。

（二）架构教育质量监测内容框架

教学环境与学生发展现状是教育质量监测的重要内容。首先，对教学环境进行监测是从宏观意义上对学校办学理念、师资力量等方面进行综合评估。教学环境的优良会直接影响到培养出的学生的质量。评估学校经费投入利用情况、办学条件、学校管理情况等方面，能够推动学校不断完善办学条件，促进教育质量的稳步提高。评估师资力量，能够使教师了解自身存在的不足并提高教学能力，从而促进教师队伍建设。其次，对学生发展现状进行监测要以国家及地方教育部门制定的课程标准为依据，以提高学生综合素质、道德信念为前提，以培养学生核心素养为目标，从学生学业水平、身心健康水平、思想道德水平三个方面进行综合评价，从而保障教育质量监测不仅关注学生对知识的理解掌握，同时也注重学生其他方面的综合发展水平。（1）对学业水平的监测，不仅要监测学生对不同科目知识的认知理解，也要监测学生对学科知识综合运用的能力。同时，对处于不同学段的学生，可以灵活调整监测重点。例如：对处于基础教育阶段的学生，需要重点监测学生对知识的理解与综合运用；对处于高等教育阶段的学生，就需着重监测综合能力。（2）对身心健康水平的监测包括监测学生的身体健康和心理健康。进行身体素质的监测能够保证学生具有符合该年龄段规定的体能素质，督促学生养成合理健康的生活方式。心理素质方面的监测能够反映学生的心理适应能力，便于教师及时发现问题，对学生进行心理疏导，保障学生的心理健康。（3）对思想道德水平的监测包括学生的人生观、价值观和世界观，可选取关于公民素养、文化传承、人生理想信念等多方面的内容，引导学生逐渐养成正确的价值观念和良好的道德品质。

（三）明确教育质量监测实施路径

教育质量监测在实施之前，需要根据设定的目标，确定适合的实施路径。阶段性教育质量监测方式和周期性教育质量监测方式是教育质量监测的主要实施路径。阶段性教育质量监测方式适用于对学校或区域进行教育质量调查评估，及时分析并弥补教育实践中存在的不足，也适用于新的教育政策、新教材或者新教学方式的实验，分析该内容是否适合推广；周期性实施教育质量监测方式则主要用于教学实践的横向和纵向比对，以便挖掘教育潜力，总结更具针对性的教学决策与意见，从而推动教育改革。

（四）建立教育质量监测保障机制

教育质量监测结果是推动国家教育质量提高的重要凭据，必须保证其科学性与公正性，而监测工作过程的透明性与保障性是证明监测结果可信度的核心因素。建立教育质量监测保障机制是建立整个教育质量监测机制的最后一环，也是重要的一环。建立教育质量监测保障机制是将监测结果情况与当地政府主要领导的政绩挂钩，与经济建设和教育建设项目的审批挂钩，建立和完善自上而下和自下而上相结合的教育行政问责制度，[①] 同时定期向社会公布教育质量监测报告，这样才能提高教育质量监测机制的权威性和实效性，真正保障教育质量监测工作的长远发展。

---

① 国家教育发展研究中心. 2009年中国教育绿皮书——中国教育政策年度分析报告［M］. 北京：教育科学出版社，2009：87.

第三节　建立更加科学公正的考试评价制度

考试是教育过程中经常使用的重要评价手段之一。建立科学公正的考试评价制度不仅有助于减轻应试教育所带来的社会压力，更有助于创新人才的脱颖而出。面对因缺乏高质量考试评价制度而引发的重大社会问题，建立科学公正的考试评价制度至关重要。其中，多种科学评价理念和评价方式的融合是促使考试评价制度更加科学公正的必要举措。

一、考试评价制度的终极目的是教育评价

考试评价制度是以考试为主要手段，从多个角度对教学过程多个方面进行评估分析，得出研究人员所需要的信息，并利用得到的分析结果为提升教育质量提供支持依据。分析的对象既包括学习者个体，也包含学习者群体。考试是教育过程中经常使用的重要的评价手段。一般情况下，考试分为两种。一种是由学校或教师组织的考试，面向在校学生，组织与实施方式由学校及教师决定。另一种是大规模社会性考试。这样的考试具有选拔性的特点，考试内容将根据选拔单位的需要设定，具有一定的自主性。报考人员只要符合选拔单位的要求，都可以参加考试，例如高考、全国硕士统一入学考试等。

考试评价制度具有检测诊断与选拔两大功能。考试可以检验学生的学习情况，帮助学生认识自身处于何种水平，了解目前的学习状态。同时，考试也可以帮助教师及时发现学生学习上的不足，帮助教师挖掘学生的潜力。由于大规模社会性考试具有人数众多、影响范围广的特点，

考试评价制度的选拔职能显得尤为突出。

二、科学公正的考试评价制度是教育评价公正性的重要保障

目前，我国高质量考试评价制度的缺乏是造成应试教育趋向严重、考试公平性缺失、创新人才不足等的重要因素。① 在当前的教学环境下，每个学习者都需经历各种大大小小的考试，考试科目众多，内容繁杂。现行的考试评价制度是整个教学活动的“指挥棒”，教师根据考试内容，决定学生的学习内容。在教学过程中，现行的考试评价制度仍然以检测学生的学科知识为主要内容，考试形式单一，缺少对学生综合素质的考核，在学生、教师及家长中仍然存在不少“唯分数论”者。此外，很多学生并没有将考试视为一种检测学习成果的手段，以临时突击复习的方式来应对考试，考试难以发挥其对学习效果的监测与评价作用。因此，我们需要建立更加科学公正的考试评价制度，以适应目前的教育环境。

健全考试评价制度有利于社会、学校和学生的协同发展。国家和地区性考试所收集到的信息能够反馈出学校的办学水平和国家的教育质量，是下一步教育决策的重要依据。通过不同的考试和评价方式，可以对学生进行合理分类，促进教育结构优化。同时，加强考试数据挖掘、增值评价等新理念、新方法在考试评价中的应用，可以有效提高和改善教育行政部门和学校的教育管理水平，为学校改进教学提供依据和参考，② 营造更加适合学生全面发展的教学环境。此外，科学合理的考试

---

① 陆建明，韩家勋．“教育测量与评价”智库建设与我国考试评价的专业化转型［J］．教育与考试，2017（6）：54-59.

② 于涵，韩宁，关丹丹．关于新高考改革背景下考试质量监测与评价工作的思考［J］．中国高教研究，2018（10）：11-16.

评价制度有利于学生明确自身的学习状况和能力，了解自己在学习过程中的进步与不足，调整自己的学习步调和学习方法，从而有助于学生全面发展。

三、引入多种科学的评价理念和评价方式是保障考试评价制度科学性和合理性的基础条件

对待不同类型、不同阶段的考试，需采用不同的价值观念制定评价制度，不应把不同类型的考试都等同起来。为促进建立更加科学公正的考试评价制度，应首先转变“唯分数论”的观念，重视考试所具有的检测评估功能，从国家层面将考试作为有效评价方式，同时也要从根本上改变学生、家长及教师对考试评价制度的理解，将考试评价作为了解学生当前学习状态的有效手段，突出其诊断评估的功能，弱化考试以分数为唯一标准的选拔功能。

在建立更加科学公正的考试评价制度时，要坚持解放思想、转变观念，摒弃不符合时代要求的考试评价方式。既要做到大胆革新，也要做到循序渐进地推进工作，在符合国情的同时，顺应世界的发展进行自主创新。①根据不同学段的特点，制定不同类型和侧重点的考试评价制度。

（一）义务教育阶段

义务教育阶段强调学生对知识的理解和综合运用，同时关注学生的身体素质发展。因此，这个时期考试评价的内容要有利于促进学生德智体美劳全面发展。考试内容是引领教育教学的“指挥棒”，考试内容改

① 国家教育发展研究中心. 2009年中国教育绿皮书——中国教育政策年度分析报告［M］. 北京：教育科学出版社，2009：92.

革是引导基础教育转向促进学生全面发展的重要途径。[①] 在检验学生是否完成教学任务的同时，也不能忽视学生的个体差异，要深化以能力和素养为内容核心的考试评价改革。

评价方式可以采用笔试和现场测试相结合。学业内容的检验可以以笔试方式进行，而对身体素质的检验可以通过现场测试方式进行。

（二）高中教育阶段

高中教育阶段区别于义务教育阶段的考试主要有学业水平考试和高考。学业水平考试是根据课程标准的要求，从各个方面评价学生的综合素质。我国学业水平考试开展较晚，缺乏对学业水平进行设计的专业人员，且学业水平考试未与高考制度直接挂钩，未能有效发挥作用。因此，应加强学业水平考试与高考的联动与衔接，这样既可以帮助学生全面发展，也可以为高校选择学生提供更多信息，增强考试评价制度的科学性和公正性。对于高考，则需要推动分类考试评价体系建设，促进学生全面发展。

（三）职业教育阶段

对于处于职业教育阶段的学生，要实行多元化考试评价制度。改革考试形式，推动实地考核或模拟实地考核，改变以试卷作为唯一评价工具的评价方式。考试内容要加强对实践操作技能、综合能力、社会适应能力等方面的评价，同时也要紧跟时代发展，根据社会发展变化及时进行调整，形成对学生的知识、技能、素质等全面综合考量的评价体系。

① 辛涛. 协同推进考试内容与形式改革［N］. 中国教育报，2019-02-20.

（四）高等教育阶段

高等教育阶段以培养高质量人才为目标。对于不同发展方向的学生，要推出具有专业性、体现学科特点的评价模式，不能笼统地以一种评价方式评价所有学生。考试内容要突出对学生创新能力、复合能力、综合能力等的评价，可以采用表现性评价的方式。

第四节 建立全过程、全方位人才培养质量反馈监控体系

人才培养质量反馈监控体系不仅是实现人才培养方案的重要保障，也是推动国家教育高质量发展的重要一环。人才培养质量反馈监控体系的建立必须贯穿人才培养的全过程，构建全方位的人才培养质量反馈监控体系势在必行。

一、人才培养质量反馈监控体系是实现人才培养方案的重要保障

人才培养质量反馈监控体系是收集人才培养过程中的人才质量信息，通过分析评估得出人才培养建议。目前我国急需建立全过程、全方位的人才培养质量反馈监控体系，根据教育发展与社会经济发展状况，及时调整人才培养目标，保证教育质量底线。

（一）建立全过程的人才培养质量反馈监控体系

全过程的人才培养质量反馈监控体系是指对整个人才培养过程中所有的反馈信息进行监控。全过程的人才培养质量反馈监控体系注重过程性评价，对整个过程中的教学评价反馈信息进行监控，判断并预测教学发展趋势，对未来教学工作做出判断与决策。① 全过程的人才培养质量反馈监控体系注重对学生不同阶段反馈的信息进行监控。

---

① 郑亚娟，马静. 全程性教学质量评价反馈模式的构建与实践［J］. 辽宁教育研究，2004（7）：70-72.

（二）建立全方位的人才培养质量反馈监控体系

全方位的人才培养质量反馈监控体系主要面向校内和校外两个群体。校外监控群体包括国家及地方教育部门、企业单位等，校内监控群体包括学校、教师以及学生。人才培养质量反馈监控体系以提高人才质量为导向，监控质量反馈信息，是国家全面把握教育发展状态的重要工具。

随着就业形势从“扩大就业”向“高质量就业”方向发展，面向就业的高质量人才培育逐渐成为当代社会发展的重要需求。这时，就需要将企业纳入人才培养质量反馈监控体系当中。企业参与到该体系中可以帮助学校找准学科定位，培养出符合企业需求的高质量人才。面向企业的监控更多的是监控个体长远发展的职业能力，特别是实践能力、合作能力和创新能力等，关注学生是否能够胜任工作岗位、当前的人才培养模式是否能满足国家和地方社会经济发展的需求，从而使校外监控规模化，使就业的总体评估与学校人才培养的目标具有较高的适切性。

学校、教师、学生是人才培养质量反馈监控体系的主要监控对象。学生是培养对象和主要监控对象，对学生的学习状态、学习内容、学习成果等各个方面都要进行监控，以保证人才培养质量。教师是学生学习过程中的引导者，是人才培养过程中教学内容的制定者，也是监控过程中的主要参与者。监控师资建设情况与教师的专业能力，可以帮助教师队伍快速成长。学校参与到人才培养质量反馈监控体系中可以使学校管理者更好地了解学校人才培养质量，以促进学校专业供给侧结构性改革，不断提高人才培养质量。①

二、人才培养质量反馈监控体系的制定是推动国家教育发展的重要一环

首先，国家推动新型产业发展、促进核心关键技术创新等，都需要高素质人才智库的支持。人才培养质量反馈监控体系推动实施以创新质量和实际贡献为导向的评价体系，有利于国家制定人才培养标准，把握人才培养方向。

其次，建设人才培养质量反馈监控体系有利于促进高等学校找准定位，发挥优势。健全人才分类培养体系是提高不同类型的人才培养比重的前提，建设人才培养质量反馈监控体系是深入探索不同类型人才培养方案的重要抓手。人才培养质量反馈监控体系有利于推进各高等学校转型发展，深化创新型、应用型人才培养模式改革。

最后，教师和学生的发展情况和能力水平的提升是人才培养质量反馈监控体系的核心要义。人才培养质量反馈监控体系最基本的功能就是帮助学生做到自查自省，及时发现自身或研究过程中存在的不足，从根本上帮助学生改善学习方式，提高学生的理论基础与实践能力。人才培养质量反馈监控体系有助于教师了解学生状态，发现当前教学状况与目标间的差距，对学生进行个性化培养，发现并帮助学生发扬优势、弥补劣势，改善并创新出更为灵活的培养方式，更好地实现教学目标。

---

① 梁秀生，顾永安，王中教. 回归与创新：应用型人才培养模式改革探析——基于高质量就业视角的审视［J］. 职业技术教育，2018（34）：37-42.

三、建立人才培养质量反馈监控体系必须贯穿人才培养的全过程、全方位

（一）确定人才培养质量反馈监控标准和反馈对象

首先，要完善不同阶段与不同方位的监控标准。监控标准分为基于全过程的人才培养质量反馈监控标准和基于全方位的人才培养质量反馈监控标准。基于全过程的人才培养质量反馈监控标准包括学科基础标准、内容设置标准和成就水平标准。学科基础标准衡量的是阶段学习结束后，学生所达到的理论水平；内容设置标准衡量的是根据学科专业要求和学生特征确定的教学内容水平；成就水平标准衡量的是阶段学习结束后，学生各项能力所达到的实际水平。基于全方位的人才培养质量反馈监控标准是指对于不同类型的人才培养模式，要采取不同的监控标准。比如，对于科研人才培养，可侧重对学术能力的监控，而对于就业人才培养，可以着重对实操能力、专业综合素养方面进行监控。

其次，要明确人才培养质量反馈监控对象。制定监控目标之后，就需确定实施监控工作的监控主体。为了达到提高人才培养质量的目的，可以从学生、教师和学校以及用人单位三方面实施监控。

1. 学生参与监控

学生是学习过程中的主体，是学习过程的主动参与者，是人才培养过程的亲身体验者，对于人才培养质量最具发言权。将人才培养质量的信息反馈给学生，可以帮助学生更准确地了解自己。学生参与到人才培养质量监控工作中，不仅可以监控自身，也可以及时提供反馈信息，帮助教师及学校调整教学方案及人才培养方向。

2. 教师和学校参与监控

教师和学校可以从相对全面的角度评价学生培养的质量。从教师的

角度而言，教师主要监控学生的学习状态，发现学生学习过程中的问题，从而调整教学方法。从学校的角度来说，学校对学生整体质量反馈信息进行监控，可以优化教学资源的配置，调整教学方向。

3. 用人单位参与监控

用人单位作为人才的接收方，也需要参与到人才培养质量反馈监控的工作中。用人单位通过人才培养质量反馈监控体系向学校反馈毕业生的实际工作情况，有助于学校建立优秀人才培养机制。同时，用人单位也可以通过该体系考察学校当前培养学生的状况，推动学校创新人才培养模式，提高人才培养质量。

（二）架构人才培养质量反馈监控内容框架

人才培养质量反馈监控体系要注重学生发展阶段的连续性，对在校生和毕业生都要进行跟踪反馈。对于在校生，主要抓学生学习方法、理论知识、实验能力、思想道德素质几个方面，采取全程监控的形式，监控内容涵盖学生在校期间的方方面面。除了对学生的终结性成绩进行监控外，也要对学生的形成性成绩进行监控与及时反馈，如学生的作业情况、出勤状况、课堂表现等。通过多方面的监控，保证人才培养质量，不使监控体系流于形式。对于毕业生，也需进行监控。毕业生又可以分为应届毕业生和往届毕业生。对于应届毕业生，需监控其毕业时的整体水平，根据不同发展方向采用不同的监测标准。对于往届毕业生，需要进行一定时期的跟踪监控，了解其在工作、科研中遇到的问题，收集用人单位反馈信息，并对反馈信息进行分析，以促进学校自身的教学结构及内容的改革。

在人才培养质量反馈监控体系的实践过程中，要注重宏观监控与微观监控相结合。宏观监控是指对具有一定数量级的学生进行整体监控，例如全年级学生、相关专业全体学生等。由于数量级的增加，因而得到的监控结果更具有普遍性，监控内容更具全面性。微观监控则是把某一专业的学生或某类学习状态的学生作为典型案例进行专题监控，从而形成更具典型性和针对性的人才培养改善方案。

（三）明确人才培养质量反馈监控实施路径

根据不同的监控目的，人才培养质量反馈监控体系有不同的实施路径。首先，建立监控反馈信息平台，坚持分类评估、动态监测的原则，开展常态化人才培养质量跟踪监测。其次，推动教学与学习行为的数字化记录与分析，以现代化信息技术推动教育质量提升。最后，实施过程中实现信息共享，以扩大数据收集规模，有效增加数据的深度与广度，从而更加全面地了解学科动向，促进该专业方向人才培养质量整体上升。

（四）建立人才培养质量反馈监控保障机制

在人才培养质量反馈监控体系实施过程中，要突出企业参与性、多方互动性和反馈机制时效性。[①] 通过公开监督和行政问责，增强教育领域办学情况的公开透明，这样才能有效调动每个环节、每个监控主体不断探究完善人才培养机制的积极性，保障人才培养质量反馈监控体系所呈现出的分析报告的客观性与科学性。

首先，保障人才培养质量反馈监控体系的公正性，需要树立正确的人才培养质量反馈监控理念。只有具备正确的思想观念，才能更好地指导反馈监控工作的实施。必须明确人才培养质量反馈监控工作的重要性，做到事事反馈，实时监控。

---

① 王永志，廖丽霞．“卓越计划”背景下测绘地理信息人才培养质量评价与监控体系研究［J］．测绘工程，2018（12）：70-74.

其次，确保人才培养质量反馈渠道畅通，是人才培养质量反馈监控体系顺利实施的基础。建立维护人才培养质量反馈监控信息平台，保证信息反馈和监控分析过程的时效性，及时监控反馈信息，及时更新监控平台数据库信息，为改善教学过程提供充分的数据支持。

最后，人才培养质量反馈监控体系的发展需要多方共同参与。人才培养质量反馈监控体系的有效运转，涉及政府、企业、学校、教师、学生等多类群体。当前，我国迫切需要政府出台保障人才培养质量反馈监控体系的相关政策法规，鼓励利益相关主体的多元参与和协同共治，并进行调控、约束、规范和激励。①

习近平总书记在党的十九大上提出要优先发展教育事业，加快教育现代化战略部署，将我国建设成为教育强国。构建教育质量监测机制，建立更加科学公正的考试评价制度，建立全过程、全方位的人才培养质量反馈监控体系是发展中国特色世界先进水平的优质教育的重要需求。这三项内容相互关联，互相协调，共同促进我国教育向更加科学、公平的方向发展，促进科教兴国战略和人才强国战略的实施，加快推进教育现代化。

---

① 赵哲，宋丹．历史回眸与趋向研判：改革开放40年来我国高校工程人才培养质量的文献述评［J］．黑龙江高教研究，2019（2）：30－34.